초등교과서 단어의 비밀
초등교과서
아울북 초등교육연구소 지음
6단계 1
공부 잘하는 비결?
어휘력에 있지!
교과서 한자 개념어 12,800개 철저 분석!
240개 기본 어휘소로 초등 교과서 완전 정복!
KB252349
아울북

무슨 단어든 척척 아는 내 짝, 비결이 뭘까?

교과서나 책에서 쓰는 단어는 우리가 늘 쓰는 단어보다 훨씬 많습니다. 자꾸 익혀서 그 뜻을 정확하게 알지 못하면, 남의 생각을 이해하기도 어렵고 자기 생각을 표현하기도 어렵지요.

그럼 시간이 흐르고 중학생, 고등학생이 되면 좀 나아질까요? 그렇지 않습니다. 시간이 흐를수록 단어 실력은 더욱 차이가 날 뿐입니다. 어른이 되어도 마찬가지랍니다.

그렇다고 그 많은 단어를 일일이 외울 필요는 없어요. 교과서에 나오는 수많은 단어가 만들어진 원리와 개념을 이해하면 저절로 그 뜻을 알게 되거든요. 그러면 짝처럼 단어 척척박사가 될 수 있답니다.

여러분을 단어 척척 박사로 만들기 위해 작가, 초등학교 선생님, 국어교육 연구자들이 모여서 이 책을 만들었습니다. 표현력과 생각하는 힘은 물론 성적도 쑥쑥 올라가게 하는 그런 책 말이지요!

교과서 한자어 12,800개를 완전 분석했습니다

학년별 교과서 어휘를 모두 익힐 수 있게 구성하였습니다. 교과서에 등장하는 한자어 12,800여 개를 데이터베이스 프로그램에 입력하여 그 단어가 언제 교과서에 처음 나오는지, 어떤 학년 어떤 과목에 몇 번이나 나오는지 통계를 냈습니다. 그 결과를 기준으로 학년별로 배워야할 단어들을 뽑아냈습니다.

한자어와 고유어의 결합 원리를 익히도록 했습니다

단어의 구조와 단어가 만들어진 원리를 익힐 수 있도록 구성하였습니다. 초등 교과서에는 한자가 42만 번도 넘게 나옵니다. 하지만 100번 이상 등장하는 한자는 500개도 안됩니다. 이는 몇 개의 한자어와 고유어가 서로 결합하여 수많은 단어를 만들어내고 있다는 말입니다. 따라서 이러한 원리를 익힐 수 있다면 어린이들의 단어 실력은 엄청나게 성장할 것입니다.

외우지 않고도 기억하고 익힐 수 있습니다

「초단비」는 스스로 묻고 답하면서 익힐 수 있습니다. 아이들은 제일 먼저 퀴즈나 만화를 통해 바탕말(어휘소)을 익힙니다. 바탕말은 수많은 단어를 만들어내는 어머니와 같은 말입니다. 바탕말을 익히고 나면 그 뒤에 따라 나오는 이십여 개의 단어를 쉽게 이해하고 익힐 수 있습니다. 퀴즈를 풀고 빈칸을 채우고 만화를 보고 웃으면서 바탕말의 꼬리를 따라가다 보면, 어려운 말도 쉽게 이해하게 될 것입니다.

아울북 초등교육연구소

1 기본어휘 잡기

바탕말로 이루어진
기본 단어를 익혀요.

2 어휘 늘리기

바탕말로 이루어진
확장 단어를 익혀요.

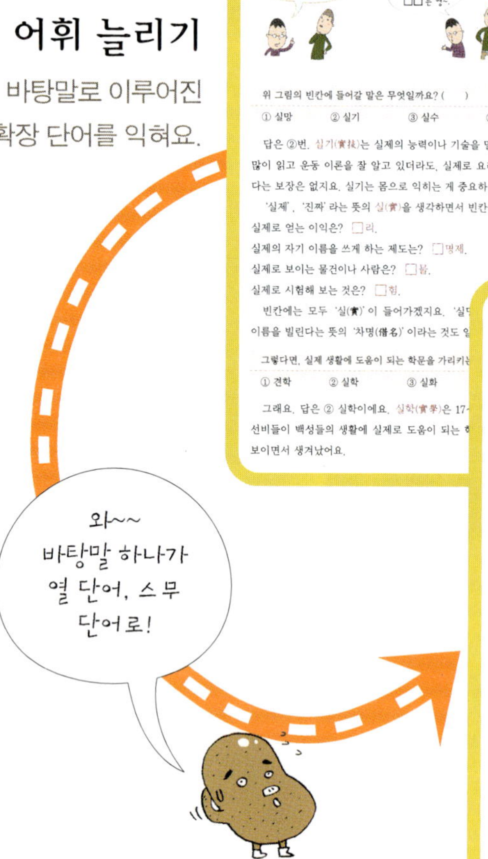

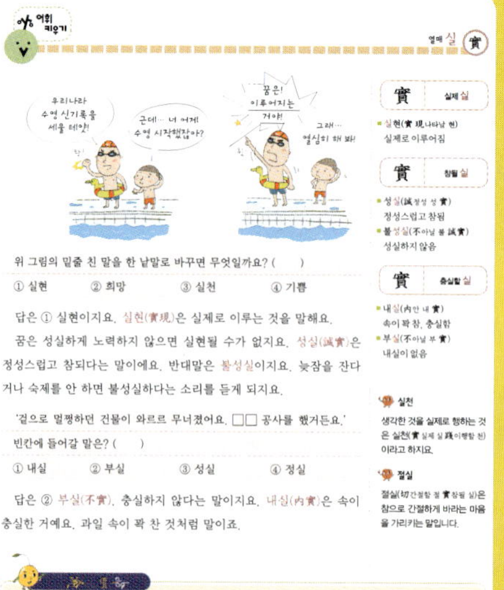

3 어휘 키우기

바탕말로 이루어진
심화 단어를 익혀요.

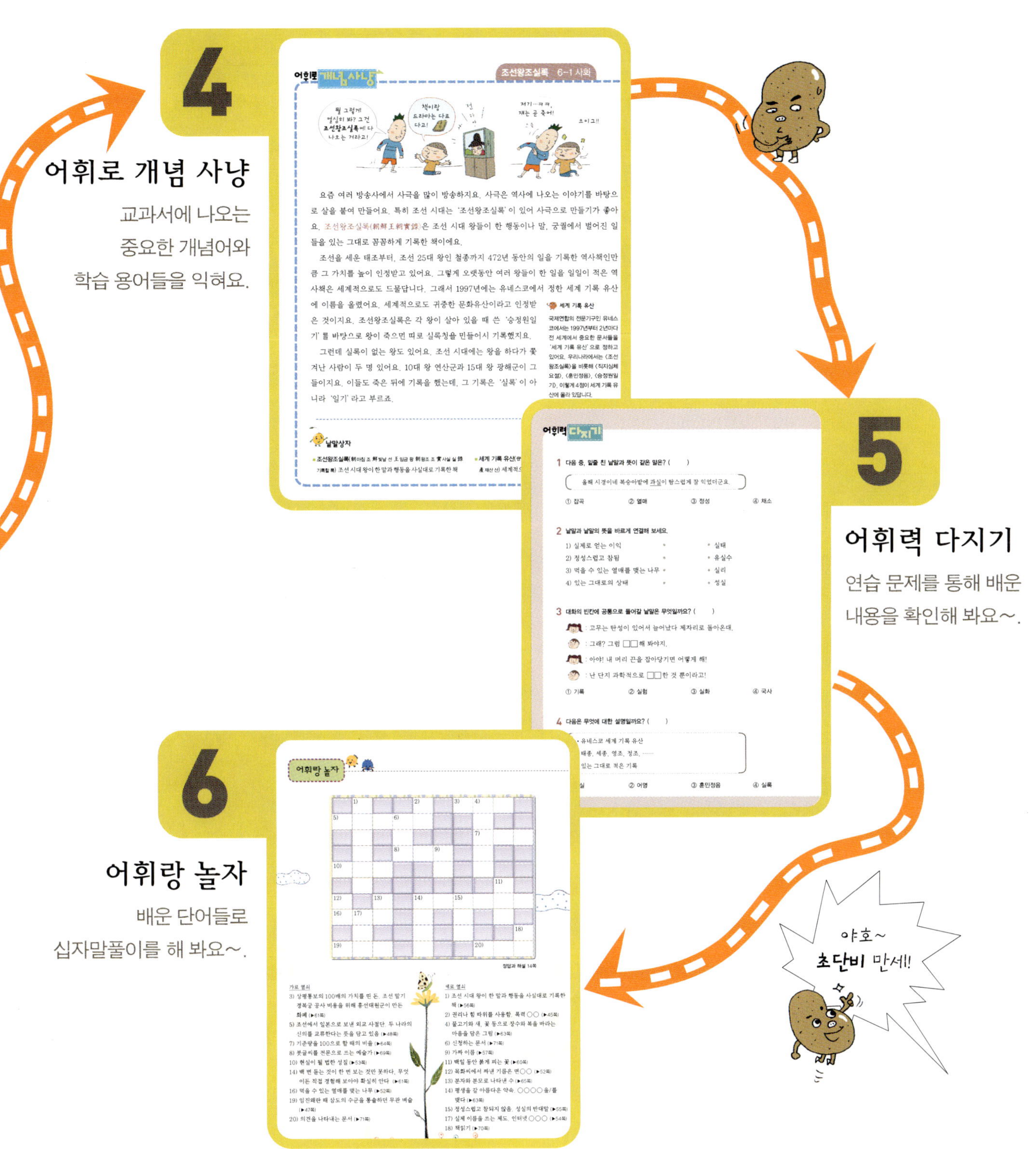

4

어휘로 개념 사냥

교과서에 나오는
중요한 개념어와
학습 용어들을 익혀요.

5

어휘력 다지기

연습 문제를 통해 배운
내용을 확인해 봐요~.

6

어휘랑 놀자

배운 단어들로
십자말풀이를 해 봐요~.

제 3 장

제 4 장

제 5 장

제 1 장

기본어휘 잡기

위 그림의 빈칸에 공통으로 들어갈 말은 무엇일까요? 맞아요, 기 (器)예요. 기(器)는 음식을 담는 '그릇'을 뜻해요.

그릇 기(器)라는 글자는 어떻게 탄생하게 되었을까요? 옛날에 중국 사람들은 개고기를 많이 먹었대요. 아주 귀한 음식이었지요. 器는 개 견(犬)을 가운데 두고 사람들의 입[口]이 둘러앉아 있는 모양입니다.

귀한 고기를 그릇에 담아 사이좋게 나누어 먹는다는 뜻이 담긴 글자라는 것을 알 수 있지요?

그럼, '기'가 들어간 말들을 알아봅시다. 나무로 만든 그릇은 목□ (木器)지요. 흙으로 만든 그릇은 토□(土器)예요. 흙으로 빚어서 불에 구운 그릇은 도자□(陶瓷器)와 옹□(甕器)예요. 옹기는 황토를 사용해서 어두운 색이고, 도자기는 고령토를 사용해서 밝은 색이에요. 그릇 겉에 옻나무 진을 칠해서 만든 그릇은 칠□(漆器)예요.

器	그릇 기

- 목기(木나무 목 器) 나무로 만든 그릇
- 토기(土흙 토 器) 흙으로 빚어 구운 그릇
- 도자기(陶질그릇 도 瓷사기그릇 자 器) 흙으로 빚어서 구운 그릇, 유약을 바르지 않은 도기(질그릇)와 유약을 발라 겉이 반질반질한 자기(사기그릇)를 합쳐 부르는 말
- 옹기(甕항아리 옹 器) 황토로 빚어 구운 그릇
- 칠기(漆옻 칠 器) 겉에 옻나무 진을 칠해 만든 그릇

음식을 담는 데 쓰는 그릇은 식기(食器)예요. 밥그릇, 국그릇, 접시, 물컵이 모두 식기지요.

물건을 담는 여러 가지 그릇은 용기(容器)라고 불러요. 그럼, 변기(便器)는 무엇을 담는 그릇일까요? (　　)

① 법　　② 돈　　③ 물　　④ 똥

옆에 있는 그림을 보면 알 수 있겠죠?

<table>
<tr><td>器</td><td>그릇 기</td></tr>
</table>

- 식기(食밥 식 器)
  음식을 담는 그릇
- 용기(容담을 용 器)
  물건을 담는 여러 가지 그릇
- 변기(便똥오줌 변 器)
  똥과 오줌을 담아 두는 용기

영포 왕자가 돌칼을 들고 주몽에게 덤비고 있군요. 하지만, 철검을 든 주몽에게 이길 수 있을까요?

철이 돌보다 훨씬 강하잖아요. 돌로 만든 도구는 석기(石器), 청동으로 만든 도구는 청동기(靑銅器), 철로 만든 도구는 철기(鐵器)라고 해요. 이렇게 기(器)에는 '도구'라는 뜻도 있어요.

아주 옛날에는 철을 사용할 줄 몰랐어요. 그래서 사람들은 돌로 만든 도구들을 사용했지요. 처음에는 돌을 다듬을 줄 몰라서 돌을 깨뜨려 썼어요. 이때를 구석기(舊石器)시대라고 불러요. 시간이 지나자 돌을 다루는 기술이 발달하여 돌을 날카롭게 갈아서 쓰게 되었어요. 신석기(新石器)시대의 일이지요. 그 뒤에 청동기시대, 철기시대를 거치면서 도구를 만드는 기술은 더욱 발전하였지요.

<table>
<tr><td>器</td><td>도구 기</td></tr>
</table>

- 석기(石돌 석 器)
  돌로 만든 도구
- 구석기(舊옛 구 石器)
  돌을 깨뜨려 만든 도구, 뗀석기
- 신석기(新새 신 石器)
  돌을 갈아서 만든 도구, 간석기
- 청동기(靑푸를 청 銅구리 동 器)
  청동으로 만든 도구
- 철기(鐵쇠 철 器)
  철로 만든 도구

기 器　그릇, 도구

'기'로 끝나는 말이 정말 많지요? 그만큼 우리 생활을 도와주는 도구가 많다는 말이겠지요. 어떤 말 뒤에 기(器)를 붙이면 그것과 관계있는 '도구'나 '장치'를 가리켜요.

각도를 재는 도구는 각도기(角度器), 주사를 놓는 도구는 주사기(注射器), 불을 끄는 도구는 소화□(消火器), 젖먹이 아기가 걷는 것을 도와주는 도구는 보행□(步行器)가 되는 거죠. 또, 안마하는 도구는 안마기(按摩器), 공기에 습기를 더하는 도구는 가습기(加濕器), 전기를 채워 주는 도구는 충전□(充電器), 할아버지들이 소리를 잘 들을 수 있게 하는 도구는 보청□(補聽器), 계산하는 데 쓰는 도구는 계산□(計算器), 싸울 때 쓰는 도구는 무기(武器)죠.

다음과 같은 것들을 무엇이라고 부를까요? (　　　)

① 농기구　　　② 전열 기구　　　③ 실험 기구　　　④ 조리 기구

답은 ① 농기구죠. 기구(器具)는 도구나 기계를 말해요. 농사지을 때는 농기구, 실험할 때는 실험 기구를 쓰죠.

器	도구 **기**

■ **각도기**
(角뿔 각 度정도 도 器)
두 직선의 벌어진 정도를 재는 도구

■ **주사기**
(注물 댈 주 射쏠 사 器)
몸에 물약을 넣는 도구

■ **소화기**(消끌 소 火불 화 器)
불을 끄는 도구

■ **보행기**
(步걸음 보 行갈 행 器)
걸어가는 것을 돕는 도구

■ **안마기**
(按누를 안 摩어루만질 마 器)
몸을 누르고 비비는 도구

■ **가습기**
(加더할 가 濕축축할 습 器)
습기를 더해 주는 도구

■ **충전기**
(充채울 충 電전기 전 器)
전기를 채우는 도구

■ **보청기**
(補도울 보 聽들을 청 器)
잘 들을 수 있게 도와주는 도구

■ **계산기**
(計셈할 계 算셀 산 器)
계산하는 데 쓰는 도구

■ **무기**(武 굳셀 무 器)
싸울 때 쓰는 도구

■ **기구**(器 具연장 구)
도구나 기계

■ **농기구**(農농사 농 器具)
농사지을 때 쓰는 기구

■ **실험 기구**
(實실제 실 驗시험할 험 器具)
실험할 때 쓰는 기구

그릇 기 器

왼쪽 그림의 빈칸에 알맞은 말은 무엇일까요? (　　)

① 변기　② 장기　③ 사기

답은 ② 장기지요. 장기(臟器)는 심장, 신장, 간, 폐처럼 우리 몸 안에서 열심히 일하고 있는 여러 기관들이에요. 위나 큰창자, 작은창자처럼 음식물의 소화를 담당하는 소화기(消化器), 폐나 기관지처럼 숨 쉬는 것을 담당하는 호흡□(呼吸器), 피가 영양분과 산소·노폐물을 옮길 수 있도록 돕는 순환□(循環器)가 있지요.

'장기'와 마찬가지로, 기관(器官) 역시 생명체의 몸을 구성하는 부분이에요. 모든 생물의 몸은 기관으로 되어 있어요. 식물은 뿌리와 잎, 줄기 등으로 되어 있고 동물 몸에는 피부, 근육, 신경 등이 있지요. 심장이나 위처럼 몸의 안쪽에 있는 기관은 내장 기관(內臟 器官), 눈이나 피부처럼 바깥의 상황을 느끼는 기관은 감각기관(感覺器官)이라고 해요.

대기만성(大器晚成)의 원래 뜻은 '큰 그릇은 늦게 만들어진다'예요. 그런데 그 뜻이 넓어져서 '훌륭한 사람이 되기 위해서는 많은 노력과 시간이 필요하다'라는 뜻으로도 쓰이지요. 이때 기(器)는 '사람'을 뜻해요.

器	장기 **기**

■ 장**기**(臟창자 장 器)
몸 안의 여러 기관

■ 소화**기**
(消사라질 소 化될 화 器)
소화를 담당하는 장기

■ 호흡**기**
(呼내쉴 호 吸들이쉴 흡 器)
호흡을 담당하는 장기

■ 순환**기**
(循돌 순 環고리 환 器)
피를 순환시켜 영양분과 산소, 노폐물을 옮기는 장기

■ **기**관(器 官기관 관)
어떤 일을 맡아 하는 몸의 한 부분

■ 내장 **기관**
(內안 내 臟 器官)
몸의 안쪽에 있는 기관

■ 감각**기관**
(感느낄 감 覺깨달을 각 器官)
감각을 담당하는 기관

器	사람 **기**

■ 대**기**만성(大클 대 器 晚늦을 만 成이룰 성)
큰 그릇은 늦게 만들어진다, 훌륭한 사람이 되기 위해서는 많은 노력과 시간이 필요하다

앞에서 신석기시대와 구석기시대에 대해 배웠지요? 두 시대를 합쳐서 석기시대라고 부르기도 해요. 석기시대 사람들은 어떻게 살았을까요?

구석기시대 사람들은 돌을 깨뜨리거나 떼어 내서 도구를 만들었어요. 이런 석기를 뗀석기라고 부르죠. 구석기시대 사람들은 동굴에서 살았고 불도 피웠어요. 동물을 사냥하거나 나무 열매를 따서 먹었죠.

신석기시대에는 돌을 갈아서 만든 간석기로 농사를 지었어요. 움집은 땅을 파고 기둥을 세운 다음, 지붕을 덮은 집이에요. 동굴보다 살기 좋죠. 신석기시대 사람들은 흙으로 그릇을 빚어서 쓰기도 했어요. 이때 사용한 토기는 그릇 겉에 빗살 같은 무늬를 새겨 넣은 빗살무늬토기예요. 그릇 바닥이 달걀처럼 둥글고 뾰족하게 생겼는데 그 이유는 땅에 박아 놓기 위해서죠.

석기시대를 지나면 청동기시대입니다. 농사를 짓고 가축을 기르며 마을을 이루고 살았어요. 청동은 구리에 주석을 섞어 만든 금속으로, 돌보다 훨씬 단단해요. 이걸로 칼이나 거울 같은 여러 가지 도구를 만들었죠. 청동기시대 사람들도 돌을 사용했어요. 반달 모양 돌칼과 돌괭이 따위의 농기구를 만들었죠. 민무늬토기도 만들어 썼는데, 빗살무늬토기와는 달리 무늬가 없고 그릇 바닥도 평평했답니다.

청동기시대에 세워진 나라가 고조선이에요. 우리 민족이 세운 최초의 국가였답니다. 원래 이름은 '조선'인데, 훗날에 이성계가 세운 조선과 구별하기 위해 '고조선'이라고 부르게 되었지요.

신화에 따르면 하늘의 아들 환웅이 땅에 내려왔대요. 비, 구름, 바람을 다스리는 신하들을 데리고 말이죠. 그리고 마늘과 쑥을 100일간 먹고 사람이 된 곰과 결혼을 했다지요. 그래서 태어난 사람이 바로 단군왕검. 단군왕검은 아사달에 도읍을 정하고 고조선을 세웠답니다. 잊지 마세요! 고조선은 청동기시대에 세워진 국가예요.

낱말상자

- **뗀석기**(石돌석 器도구기) 떼어 낸 석기, 구석기시대에 사용
- **간석기**(石器) 갈아 낸 석기, 신석기시대에 사용
- **빗살무늬토기**(土흙토 器그릇기) 빗살무늬가 있는 토기, 신석기시대에 사용
- **민무늬토기**(土器) 무늬가 없는 토기, 청동기시대에 사용

1 빈칸에 공통으로 들어갈 말은? (　　　)

> • 어흠! 누가 귀한 도자□을(를) 깨뜨렸느냐?
>
> • 어휴, 하마터면 변□에 빠질 뻔했네.
>
> • 내일 수학 시간에는 컴퍼스와 삼각자와 각도□을(를) 준비해 오세요.
>
> • 4,380,956 곱하기 3,985,680은 뭘까요? 계산□을(를) 쓰지 말고 암산으로 풀어 보세요.

2 낱말과 낱말의 뜻을 올바르게 연결하세요.

1) 밥그릇　　　　　　　　　　　　　　　　• 　　• 목기

2) 나무로 만든 그릇　　　　　　　　　　　• 　　• 식기

3) 기관지나 폐처럼 숨 쉬는 것을 담당하는 장기 •　　• 보행기

4) 걸어가는 것을 돕는 도구　　　　　　　　• 　　• 호흡기

3 각 번호의 괄호 안에 공통으로 들어갈 말을 보기에서 고르세요.

보기	용기　　　기관　　　석기

1) 이건 플라스틱 (　　　　　　)에 담지 않는 게 좋아.

　　물은 어떤 모양의 (　　　　　　)에 담기느냐에 따라 모양이 변한다.

2) 남자가 하늘이라니, 너 구(　　　　　　)시대 사람이구나.

　　빗살무늬토기는 신(　　　　　　)시대의 유물이죠.

3) 간이나 심장처럼 몸의 안쪽에 있는 것을 내장 (　　　　　　)(이)라고 부르죠.

　　감각(　　　　　　)(으)로는 눈, 코, 입, 피부 등이 있습니다.

4 밑줄 친 '기' 가운데 뜻이 나머지와 <u>다른</u> 것을 고르세요. (　　　)

① 안마<u>기</u>　　　　　　　　　　② 상반<u>기</u>

③ 충전<u>기</u>　　　　　　　　　　④ 가습<u>기</u>

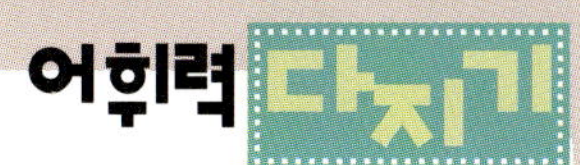

5 다음 설명 중, 적절하지 <u>않은</u> 것은? (   )

① 석기, 청동기에서 기(器)는 도구를 말한다.

② 호흡기, 순환기에서 기(器)는 도구를 말한다.

③ 대기만성이란 크게 될 인물은 늦게 이루어지기 마련이라는 말이다.

④ 그릇 기(器)는 여러 사람이 둘러앉아 개를 먹는 모습에서 유래했다.

6 다음 중, 청동기시대와 관계가 <u>없는</u> 것은? (   )

① 민무늬토기   ② 반달 모양 돌칼   ③ 고인돌   ④ 뗀석기

7 십자말풀이를 완성해 보세요.

<u>가로 열쇠</u>

3) 농사지을 때는 농○○을(를) 쓰죠

4) 싸울 때 쓰는 도구

6) 몸속에 물약을 넣을 때 쓰는 기구

8) 흙으로 만든 그릇

9) 철로 만든 도구

<u>세로 열쇠</u>

1) '큰 그릇은 늦게 이루어진다' 는 뜻의
   사자성어

2) 겉에 옻나무 진을 칠해서 만든 그릇

5) 황토로 빚어 구운 그릇. 항아리나 뚝배기로 많이 쓰임

7) 물건을 담는 여러 가지 그릇

백설공주는 장신, 난쟁이는 단신

'장신', '단신' 할 때의 '신'을 한자로 쓰면? (　　　)

① 신(身)　　② 신(神)　　③ 신(信)　　④ 신(新)

답은 ①번이지요. 장신, 단신은 키를 나타낼 때 쓰는 말입니다. 사람의 키는 신장(身長)이라고 하지요.

신장이 짧으면, 짧을 단(短)과 몸 신(身)을 써서 단□(短身). 신장이 길면, 길 장(長)과 몸 신(身)을 써서 장□(長身)!

장신 중에서도 키가 매우 큰 사람은 구척장신(九尺長身)이라고 해요. 키가 아홉 자나 된다는 말이죠.

사람의 몸은 위와 아래, 두 부분으로 나눌 수 있어요. 허리 위의 부분은 상반신(上半身)이라고 하고, 허리 아래부터 발까지는 하반신(下半身)이라고 합니다. 하반신이 긴 사람이 일명 '롱다리'죠.

身	몸 신

- **신장**(身 **長**길이 장)
  몸의 길이, 키
- **단신**(**短**짧을 단 身)
  신장이 짧음, 키가 작음
- **장신**(**長**길 장 身)
  신장이 긺, 키가 큼
- **구척장신**
  (**九**아홉 구 **尺**자 척 **長 身**)
  키가 아홉 자나 되는 사람,
  한 척(자)이 30.3cm이니
  구 척이면 272.7cm
- **상반신**(**上**위 상 **半**반 반 身)
  사람을 위아래 두 부분으로
  나누었을 때 허리 위의 몸
- **하반신**(**下**아래 하 **半**身)
  허리 아래의 몸

신체검사(身體檢查)의 신체는 사람의 몸을 말해요. 신체검사는 몸의 상태를 검사하는 것을 말합니다. 키나 몸무게를 재기도 하지만, 몸이 약한지 건강한지도 알아보지요.

사람은 심신이 모두 건강해야 합니다. 심신(心身)은 마음과 몸을 말해요. 만신창이(滿身瘡痍)가 되었다는 말, 들어 본 적 있나요? 온몸에 심한 상처가 나 있는 것을 만신창이라고 합니다. 이 말은 일이 아주 엉망이 된 것을 비유적으로 이르기도 하죠.

이렇게 사람의 '몸, 신체'를 말할 때 신(身)이라는 말을 씁니다.

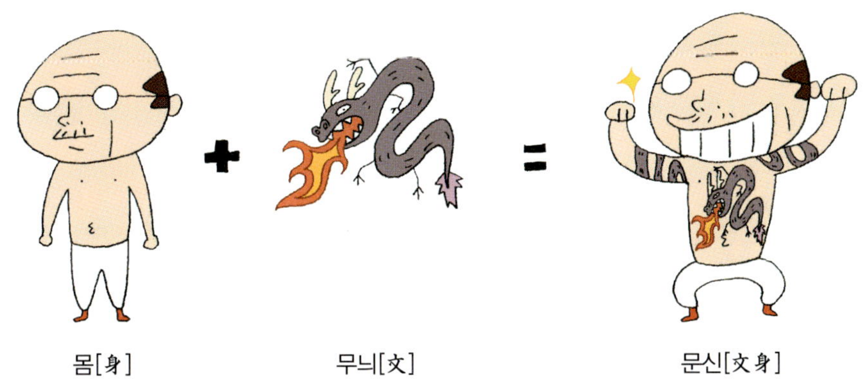

몸[身]　　　무늬[文]　　　문신[文身]

몸에 그림이나 무늬를 새겨 넣는 것은 문□(文身)이라고 하고, 옷을 벗어 아무것도 걸치지 않은 몸은 나□(裸身)이라고 하지요.

사람의 온몸은 전□(全身), 그래서 병이나 사고로 온몸이 마비되어 움직일 수 없는 상태는 전신 마비라고 합니다.

때로는 뇌출혈 등으로 몸의 반만 움직일 수 있는 상태가 되기도 하는데, 이것은 반신불수(半身不隨)라고 하지요.

몸이 아프면 몸에서 열이 나지요? 몸에서 열이 나는 것은 신열(身熱), 사람이 죽어서 시체가 된 몸은 시신(屍身)이라고 합니다.

身	몸 신

- 신체(身 體몸 체)
  사람의 몸
- 신체검사(身體 檢검사할 검 査조사할 사)
  건강 상태를 알기 위해서 몸의 각 부분을 검사하는 것
- 심신(心마음 심 身)
  마음과 몸
- 만신창이(滿찰 만 身 瘡부스럼 만 痍상처 이)
  온몸이 상처투성이임, 일이 아주 엉망이 된 것을 비유적으로 이르는 말
- 문신(文무늬 문 身)
  몸에 무늬를 새겨 넣는 것
- 나신(裸벌거벗을 나 身)
  아무것도 입지 않은 몸
- 전신(全전체 전 身)
  온몸
- 전신 마비
  (全身 麻저릴 마 痺저릴 비)
  온몸이 마비되어 움직일 수 없는 상태
- 반신불수(半반 반 身 不아니 불 隨따를 수)
  뇌출혈 등으로 몸의 반만 움직일 수 있는 상태
- 신열(身 熱더울 열)
  몸에서 나는 열
- 시신(屍시체 시 身)
  죽은 사람의 몸

신 ｜ 身　　　몸, 신체

몸 **신** 身

어딘가로 몸을 피하는 것을 피신(避身)이라고 합니다. 비슷한 말로는, 몸을 숨긴다는 뜻의 은신(隱身)이 있습니다. 몸을 피해 쉴 수 있는 곳은 '피신처', 몸을 숨겨 쉴 수 있는 곳은 '은신처'! 둘은 비슷한 뜻으로 쓰입니다.

내 몸을 완전히 바꾸는 방법도 있습니다. 바로 변신(變身)입니다. 이 방법으로도 적을 따돌릴 수 없다면, 정면으로 맞서야 하겠죠?

이때 필요한 것이 호신술(護身術)입니다. 호신술은 몸을 보호하는 데 도움이 되는 무술입니다. 자신을 지켜야 할 때는 혼신(渾身)을 다해 싸워야 합니다. 온몸을 다 바쳐 싸워야 한다는 말이지요.

사물의 몸통을 가리킬 때도 신(身)을 씁니다. 총□(銃身)은 총의 몸통이고, 포□(砲身)은 대포의 몸통입니다. 또 묘지에 세우는 비석의 몸통은 비신(碑身)이라고 부릅니다.

신(身)이 몸을 의미하는 것에서 더 나아가 몸과 마음으로 이루어진 '사람'이나, '나 자신'을 뜻하기도 하지요. 이런 뜻으로 쓰인 낱말로는 '자기'를 뜻하는 자신(自身)과, 부부가 상대방을 부를 때 쓰는 당신(當身)이 있습니다.

대신(代身)이라는 말도 많이 쓰죠? '친구 대신 내가 청소 당번을 맡았다'라고 할 때의 '대신'입니다. 다른 사람이 할 일을 맡아서 한다는 뜻이지요.

身 | 몸 **신**

- 피**신**(避피할 피 身)
  몸을 피하는 것
- 은**신**(隱숨을 은 身)
  몸을 숨기는 것
- 변**신**(變변할 변 身)
  몸을 바꾸는 것
- 호**신**술
  (護보호할 호 身術재주 술)
  몸을 보호하는 데 도움이 되는 무술
- 혼**신**(渾전부 혼 身)
  온몸
- 비**신**(碑비석 비 身)
  비석의 몸통

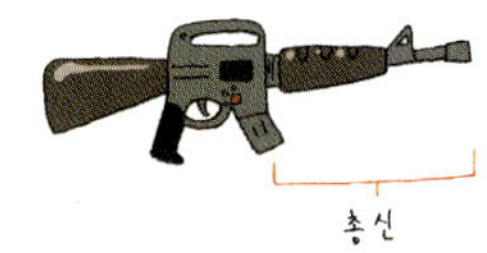
총신

포신

身 | 사람 · 자신 **신**

- 자**신**(自스스로 자 身)
  나, 자기
- 당**신**(當대할 당 身)
  상대방을 부를 때 쓰는 말
- 대**신**(代대신할 대 身)
  다른 사람의 역할을 함

이렇게 양반이나 천민을 가르는, 사람의 사회적 지위나 자격을 무엇이라고 할까요? (　　　)

① 신분　　　② 신부　　　③ 사회　　　④ 귀족

네, 답은 ① 신분입니다. 요즘에도 그 사람이 누구인지 구별할 때 신분(身分)이라는 말을 씁니다. 신분을 나타내는 증명서는 신분증이라고 합니다. 학생증도 신분증 가운데 하나죠.

출신(出身)이라는 말도 있습니다. 집안, 학력, 직업 따위를 통해 드러나는 그 사람의 신분을 말하지요. '서울 출신', '교육자 집안 출신'과 같은 식으로 쓰입니다.

身	신분 신

- 신분(身 分나눌 분)
사람의 사회적 지위, 또는 그 사람이 어떤 사람인지 구분해 놓은 것
- 신분증(身分 證증명할 증)
신분을 나타내는 증명서
- 출신(出날 출 身)
집안, 학력, 직업 따위를 통해 드러나는 사람의 신분

신세(身世)는 그 사람이 놓인 처지를 말합니다. 주로 안 좋은 상황을 나타내지요.

신변(身邊)은 사람의 몸과 그 주변을 뜻합니다. 그래서 자기 주위에서 일어나는 여러 가지 일들을 적은 글을 신변잡기라고 하지요. 신(身)은 이렇게 사람의 '처지'나 '형편'을 뜻하기도 합니다.

身	처지·형편 신

- 신세(身 世세상 세)
사람의 처지
- 신변(身 邊가장자리 변)
몸과 몸의 주변
- 신변잡기
(身邊 雜섞일 잡 記기록할 기)
자기 주위에서 일어나는 여러 가지 일들을 적은 글

왼쪽의 그림처럼 위아래로 여러 계층의 신분을 나누어 차별하는 제도를 신분제도(身分制度)라고 합니다. 조선 시대는 이렇게 계급을 나누어 엄격한 신분제도를 유지하고 있었습니다.

계급(階級)은 지위나 신분의 높낮이를 계단처럼 나누어 놓은 것을 말합니다. 조선 시대에는 신분이 세습되었습니다. 세습(世襲)이란 자자손손 계속 물려받는다는 말입니다. 부모가 양반이면 자식도 양반이 되고, 부모가 상민이면 자식도 상민이 되는 것이지요.

신분제의 계단 제일 꼭대기에는 양반(兩班)이 있습니다. 양반은 문반과 무반을 합한 말로, 이들은 벼슬자리에 나아가 관리가 됩니다. 관리(官吏)는 위로 왕을 모시고 아래로 백성을 다스리는 일을 하는 사람입니다. 관직, 그러니까 벼슬자리에 나아가려면 과거를 봐야 했습니다. 과거는 관리가 될 사람을 뽑기 위해 치르던 시험입니다.

중인(中人)은 양반과 상민의 중간에 있는 계급이라서 그렇게 부릅니다. 중인은 양반을 도와 주로 관청에서 기술이나 사무에 관계되는 일들을 했습니다.

그다음 계급은 상민(常民)입니다. 이들은 농업, 수공업, 상업에 종사했습니다. 상민 중에서 농사를 짓는 농민이 조선 시대 백성의 대부분을 차지했습니다. 이들은 국가에

세금을 내고 군대에 가는 등, 나라를 유지하는 데 큰 역할을 하였죠.

상인과 수공업자도 상민 신분이지만 그 수는 많지 않았습니다. 상인은 장사하는 사람입니다. 조선 시대에는 서울에서 관청과 일반 백성의 필수품을 판매하는 시전(市廛) 상인이 있었습니다. 또, 지방을 돌아다니며 수공업 제품과 생활필수품 등을 파는 보부상(褓負商)도 있었지요. 보부상은 봇짐장수(보따리장수)인 '보상'과 등짐장수인 '부상'을 함께 이르는 말입니다. 수공업자(手工業者)는 서울과 지방의 관청에 소속되어 필요한 물품을 생산하는 사람이지요.

신분제의 제일 아래 계급은 천민(賤民)입니다. '천하다'는 가장 낮고 보잘것없다는 말입니다. 종으로 불린 노비(奴婢)와 동물을 잡는 백정 등의 직업을 가진 사람들을 천한 백성이라는 뜻의 천민이라 부르며 무시했습니다. 이러한 신분제는 조선 후기를 지나 근대에 이르면서 점차 사라지게 됩니다.

낱말상자

- **신분제도**(身 신분 신 分 나눌 분 制 만들 제 度 법도 도) 여러 계층의 신분을 나누어 차별하는 제도
- **계급**(階 계단 계 級 등급 급) 신분의 높낮이를 계단처럼 나누어 놓은 것
- **세습**(世 대 세 襲 이을 습) 대대로 물려받음
- **양반**(兩 두 양 班 나눌 반) 문반과 무반을 함께 이르는 말
- **관리**(官 벼슬 관 吏 다스릴 리) 벼슬을 얻어 백성을 다스리는 사람
- **중인**(中 가운데 중 人 사람 인) 양반과 상민의 중간계급

- **상민**(常 보통 상 民 백성 민) 농민이나 상인 등의 보통 백성
- **시전**(市 시장 시 廛 가게 전) 시장 거리의 가게
- **보부상**(褓 포대기 보 負 등짐 부 商 장사 상) 봇짐장수인 보상과 등짐장수인 부상을 함께 이르는 말
- **수공업자**(手 손 수 工 만들 공 業 일 업 者 사람 자) 간단한 도구를 가지고 직접 필요한 것들을 만드는 사람
- **천민**(賤 천할 천 民 백성 민) 천한 백성
- **노비**(奴 종 노 婢 여자종 비) 남자 종과 여자 종

1 빈칸에 들어갈 말이 순서대로 바르게 연결된 것은? (   )

> • 사람의 키를 □□ 이라고 합니다.
>
> • 키가 크면 □□, 키가 작으면 □□ 입니다.
>
> • 그리고 허리 위의 부분은 □□□,
>
>   허리 아래의 부분은 □□□ 이라고 합니다.

① 장신 – 신장 – 단신 – 하반신 – 상반신
② 신장 – 장신 – 단신 – 상반신 – 하반신
③ 장신 – 신장 – 단신 – 상반신 – 하반신
④ 신장 – 단신 – 장신 – 하반신 – 상반신

2 1)~4)의 빈칸에 공통으로 들어갈 말은 무엇일까요? (   )

> 1) 키가 아홉 자나 되는 구척장□
>
> 2) 몸이 건강한지 검사하는 □체검사
>
> 3) 몸과 마음이 엉망인 만□창이
>
> 4) 온몸이 마비된 전□ 마비

① 장(長)　　　　② 체(體)　　　　③ 신(身)　　　　④ 전(全)

3 밑줄 친 '신' 가운데 나머지와 뜻이 <u>다른</u> 것은? (   )

① 총<u>신</u>　　　　② 포<u>신</u>　　　　③ 당<u>신</u>　　　　④ 비<u>신</u>

4 다음 중, 낱말에 대한 설명이 잘못된 것을 <u>두 개</u> 고르세요. (,   )

① 벗은 몸을 '나신' 이라고 합니다.
② 사람의 온몸은 '심신' 입니다.
③ 열이 나는 사람을 '시신' 이라고 합니다.
④ 몸에 무늬를 새겨 넣는 것은 '문신' 입니다.

5 다음 짝 지어진 말들 가운데 어울리지 <u>않는</u> 낱말이 들어 있는 것은? (　　)

① 양반 – 관리 – 과거 – 문반과 무반

② 중인 – 관청 – 중간계급 – 기술

③ 상민 – 농민 – 상인 – 수공업자

④ 천민 – 노비 – 보부상 – 백정

6 다음 중, 밑줄 친 낱말의 쓰임이 <u>잘못된</u> 것은? (　　)

① 그 체육관에서는 <u>호신술</u>을 가르쳐 줍니다.

② 아버지는 뇌출혈로 <u>반신불수</u>가 되었습니다.

③ <u>심신</u>이 건강해야 훌륭하게 자라날 수 있습니다.

④ 왕자는 기절한 백설공주의 <u>시신</u>을 끌어안고 입을 맞춥니다.

7 다음 빈칸에 알맞은 말은? (　　)

> 자신을 지켜야 할 때는 □□을 다해 싸워야 합니다.

① 혼신　　　　② 호신　　　　③ 피신　　　　④ 은신

8 십자말풀이를 완성해 보세요.

<u>가로 열쇠</u>

2) 모습을 완전히 바꾸는 것

3) 부부끼리 상대방을 부를 때 쓰는 말

<u>세로 열쇠</u>

1) 자기 주위에서 일어나는 여러 가지 일들을 적은 글

4) 여러 계층의 신분을 나누어 차별하는 제도

5) 양반은 과거를 통해 ○○이(가) 됩니다.

항상 푸른 나무 상록수!

기본어휘 잡기

항상(恒常)은 '늘', '언제나 변함없이'라는 말입니다. 어떤 일이 지속될 때 쓸 수 있는 말이죠. 생각해 보세요. 슈파맨은 평소에도 쫄바지와 빨간 망토를 두르고 다닐까요? 아니죠. 하지만 사람들이 위기에 처했을 때 '항상' 쫄바지와 빨간 망토로 갈아입고 출동합니다.

학교를 가고 밥을 먹는 것처럼 매일 반복되는 생활은 일상(日常)이라고 합니다. 상시(常時)는 '정해진 때가 없이 언제나'라는 말입니다. 경찰관과 소방대원들은 언제 일어날지 모르는 사고에 대비해 '상시' 대기를 하죠.

'상시'와 달리 벌어지는, 뜻밖의 긴급한 상황을 비상(非常), 비상인 때는 □□시(非常時)라고 합니다. 비상시에 대비한 계획인 □□ 대책을 세워 두는 것도 중요하지만, 항상 조심하는 것이 우선이겠죠!

常	항상 상

- **항상**(恒항상 항 常)
  늘, 언제나
- **일상**(日날 일 常)
  매일 반복되는 생활
- **상시**(常 時때 시)
  정해진 때가 없이 언제나
- **비상**(非아닐 비 常)
  상시와 다른, 뜻밖의 긴급한 상황
- **비상시**(非常 時때 시)
  비상인 때
- **비상 대책**
  (非常 對대할 대 策꾀 책)
  비상시에 대비하기 위한 방책

비상구

비상시에 쓰는 출입구는 비상구(非常 口입구 구)죠.

빈칸에 들어갈 말은 뭘까요? (   )

① 십상 ② 쉽상
③ 밉상 ④ 상황

답은 ① 십상입니다. '쉽다'와 관계있다고 생각해서 '쉽상'이라고 쓰기 쉬운데, 틀린 표현입니다. 열에 여덟아홉 정도로 거의 예외 없이 그럴 것이라는 뜻의 십상팔구(十常八九)를 줄여서 십상(十常)이라고 하지요. 그럼, 다음 빈칸을 채워 볼까요? '대나무는 사철 내내 잎이 푸른 상록수라 조화로 오해하기 십□이다'.

요즘 유엔, 곧 국제연합에 대한 관심이 부쩍 많아졌죠? 국제연합은 평화 유지와 국제 협력을 위해 늘 설치해 둔 상설(常設) 국제기구입니다. 국가 간의 분쟁 등에 대한 결정권을 가지고 있는 유엔 안전보장이사회(안보리)는 상임이사국과 비상임이사국으로 나뉩니다.

상임(常任)은 일정한 일을 늘 계속하여 맡는다는 말입니다. 미국, 러시아, 중국, 영국, 프랑스 다섯 나라가 맡은 상임이사국은 임기가 따로 정해져 있지 않고 영구적이죠. 상임이 아닌 비상임이사국은 2년마다 선출을 통해 구성한답니다.

常 | 항상 상

■ 십상팔구(十열 십 常 八여덟 팔 九아홉 구)
= 십상(十常)
열에 여덟이나 아홉 정도로 거의 예외가 없음

십중팔구

십중팔구(十 中가운데 중 八九)라는 말도 '십상팔구'와 비슷한 말이에요.

■ 상록수
(常 綠초록 록 樹나무 수)
소나무나 대나무처럼 사철 내내 잎이 푸른 나무

■ 상설(常 設세울 설)
항상 세워져 있어서 언제든지 이용할 수 있음

■ 상임(常 任맡길 임)
일정한 일을 늘 계속하여 맡음

■ 비상임(非아닐 비 常任)
상임이 아님

상근과 비상근

매일 일정한 시간을 늘 근무하는 것은 상근(常 勤근무 근), 상근하지 않고 일하는 것은 비상근(非常勤)이라고 해요.

상 | 常   항상, 늘, 언제나

특별한 일이 없는 보통 때를 평상시(平常時)라고 합니다. 이럴 때 상(常)은 '보통'이라는 뜻입니다. 보통 있는 일이나 일반적인 일은 □례(常例), 그 시대 사람들이 널리 알고 있는 보통의 지식을 □식(常識)이라고 합니다. 상식은 특별한 지식보다는 누구나 갖추고 있을 법한 판단력과 사리 분별을 뜻합니다. 반대로, 상식에 크게 어긋나면 비상식적이라고 하지요.

다음 중, 밑줄 친 말의 쓰임이 <u>어색한</u> 문장은? (　　　)

① 병세가 <u>심상치</u> 않다.

② 10월인데도 <u>비정상적</u>으로 덥다.

③ 성적도 뛰어나고 글도 잘 쓰는 것이 아주 <u>범상하다</u>.

답은 ③번입니다. 범상(凡常)이나 심상(尋常)은 평범하고 예사롭다는 말인데, '범상치 않다, 심상치 않다'와 같이 주로 부정어와 함께 쓰입니다. '보통과 다르다'라는 뜻으로 이상하다, 수상하다를 쓸 수도 있답니다.

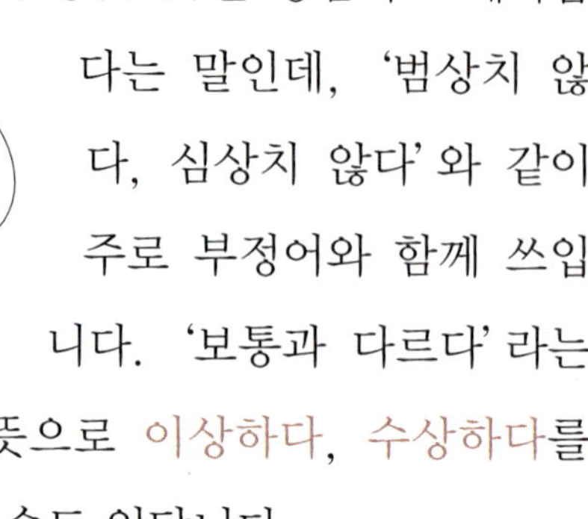

常	보통 상

- 평상시(平보통 평 常 時때 시)
특별한 일이 없는 보통 때
- 상례(常 例본보기 례)
보통 있는 일
- 상식(常 識알 식)
사람들이 널리 알고 있는 보통의 지식
- 비상식적
(非아닐 비 常識 的~할 적)
상식에 크게 어긋나는
- 범상(凡평범할 범 常)
평범하고 예사로움
- 심상(尋보통 심 常)
대수롭지 않고 예사로움
- 이상(異다를 이 常)
보통과 다름
- 수상(殊다를 수 常)
보통과 달라 의심스러움

후훗! 정말 못 말려. 변화무상(變化無常)은 변화가 많아 정해진 바가 없다는 말이에요. 여기서 상(常)은 '정해진 바', '변하지 않는 것'을 뜻합니다.

그러면, 인생무상(人生無常)이란 무엇일까요? (   )

① 아무 생각이 없다   ② 상을 한 번도 못 받다

③ 인생은 한 번에 결정된다   ④ 인생에서 변치 않는 것은 없다

맞아요. 답은 ④번. 좀 어렵죠? 쉽게 풀자면, 인생에서 변치 않는 것은 없으니 아무것도 욕심낼 필요가 없다는 뜻입니다. 인생에서 부나 권력 같은 것들이 덧없다는 말이지요.

'제행무상'이란 말도 있어요. 제행무상(諸行無常)은 모든 사물은 딱히 정해진 바가 없기 때문에 늘 변하여 한 모양으로 머물러 있지 않는다는 말이에요.

요즘, 아이들이 실종되는 사건이 왕왕 일어납니다. 아이를 잃은 부모의 심정은 얼마나 애틋할까요? 이렇게 사람이라면 누구나 가지는 변치 않는 마음을 인지상정(人之常情)이라고 합니다. 인지상정은 부모 자식 간의 관계를 일컫는 말로 종종 사용됩니다. 잃은 자식을 찾는 부모의 애타는 마음, 자식의 허물을 감싸 주고 싶은 부모의 마음이 바로 인지상정이라고 할 수 있겠죠.

常 | 변치않을 **상**

■ 변화무**상**(變변할 변 化될 화 無없을 무 常)
변화가 많아 정해진 바가 없음

변화무쌍
'변화무상'과 비슷한 말이 변화무쌍(變化無 雙둘 쌍)입니다. 둘도 없을 정도로 심하게 변화한다는 뜻이죠.

■ 인생무**상**
(人사람 인 生살 생 無常)
인생에서 변치 않는 것은 없음

■ 제행무**상**
(諸모두 제 行다닐 행 無常)
우주의 모든 사물이 늘 변하여 한 모양으로 머물러 있지 않음

■ 인지**상**정(人사람 인 之~의 지 常 情마음 정)
사람이면 누구나 가지는 변치 않는 마음

측은지심
남의 불행을 불쌍하게 여기는 것을 측은지심(惻슬퍼할 측 隱가여워할 은 之~의 지 心마음 심)이라고 하지요. 이 측은지심도 '인지상정'이라고 할 수 있어요.

왼쪽 그림의 '나'는 누구일까요? (　　　)

① 양반　　　　　② 중인

③ 상민　　　　　④ 천민

　　답은 ③ 상민입니다. 상민(常民)은 조선 시대에 농업, 어업, 상업과 수공업에 종사하던 대다수의 보통 백성을 가리키는 말이에요. 양반이 아닌, 글자 그대로 '보통 백성'이라서 '상민'이라고 하였답니다. 조세, 공납, 부역의 의무를 지고 있었고, 교육을 받기 어려워 벼슬을 할 기회가 없었답니다.

　　양반에 관한 이야기는 많이 들었죠? 아무리 급해도 뛰면 안 되고, 다른 집에 가서도 하인을 통해서만 말을 건넨다는 이야기들 말이에요. 양반(兩班)은 정치를 담당했던 '문반'과 군사를 담당했던 '무반'을 함께 이르는 말입니다. 부와 권력을 갖고 있던 양반들이 주로 땅을 소유하고 상민들은 그 땅을 경작하였기에, 사실상 상민은 양반에게 속해 있는 것과 다름없었답니다.

　　양반과 상민의 중간 계층이 중인(中人)이에요. 조선 시대의 명의 허준도 원래는 중인이었죠. 통역을 맡은 역관, 과학자인 산관, 병을 치료하는 의원 등이 중인이었는데, 이들은 전문적인 학식과 경제력이 있어도 양반이 되기는 쉽지 않았답니다.

　　천민(賤民)은 가장 낮은 신분이에요. 노비, 백정, 광대, 무당처럼 천한 일을 하는 사람들이라 사회적으로 천대받았답니다.

낱말상자

- **상민**(常보통 상 民백성 민) 보통 백성
- **양반**(兩두 양 班나눌 반) 문반과 무반을 함께 이르는 말
- **중인**(中가운데 중 人사람 인) 중간 계층에 속하는 사람
- **천민**(賤천할 천 民) 천한 백성

조선 시대에는 여러 종류의 돈이 있었지만, 사용에 불편함을 느낀 농민들은 여전히 쌀이나 옷감으로 거래하고 싶어했어요. 그러다가 조선 후기에 시장이 발달하고 경제가 성장하면서 점차 직접적인 물물교환의 불편함을 느끼기 시작했습니다. 모두가 사용하고 항상 고르게 통하는 돈이 필요해진 것이지요. 그래서 발행된 돈이 바로 상평통보랍니다.

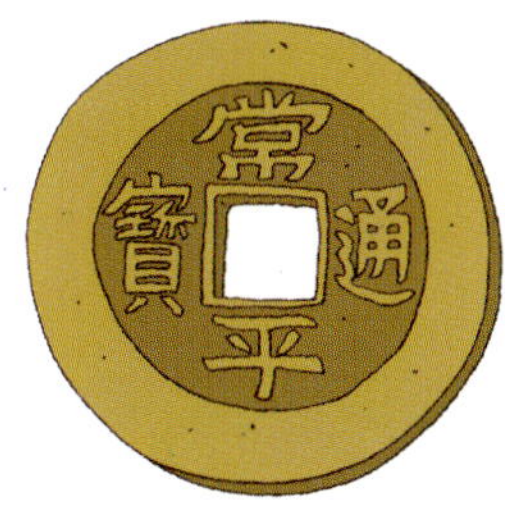

왼쪽에 있는 동전이 상평통보예요. 조선 숙종 때부터 조선 말기까지 사용되었죠. 둥근 모양은 하늘을 상징하고, 가운데의 정사각형 구멍은 땅을 상징해요. 앞면의 상하좌우에 한 자씩 '상평통보'라 새기고, 뒷면에는 제조한 관청 이름을 새겨 넣었답니다.

'항상 고르게 널리 통용되는 돈'이란 뜻의 상평통보(常平通寶)는 전국적으로 처음 쓰였고, 또 가장 오랫동안 쓰인 우리나라의 화폐입니다. 상평통보의 통용으로 조선에서도 화폐경제가 발전하면서 근대사회로의 발돋움이 시작되었답니다.

낱말상자

■ **상평통보**(常 항상 상 平 고를 평 通 통할 통 寶 보배 보) 항상 고르게 널리 통용되는 돈

1 빈칸에 공통으로 들어갈 말은 무엇일까요? (   )

> • 이 작품은 예술의 전당 □설 전시관에서 언제나 보실 수 있습니다.
>
> • 너 그렇게 놀다간 시험 망치기 십□(이)야.
>
> • 화재가 나면 비□구로 대피해야 합니다.
>
> • 엄마는 항□ 너를 사랑한단다.

2 낱말과 낱말의 뜻을 바르게 연결하세요.

1) 보통 있는 일　　　　　　　　　•　　　　•　일상

2) 매일 반복되는 생활　　　　　　•　　　　•　상임

3) 일정한 일을 늘 계속하여 맡음　•　　　　•　상례

4) 뜻밖의 긴급한 상황　　　　　　•　　　　•　비상

3 다음 대화의 괄호 안에 들어갈 말을 보기에서 찾아 쓰세요.

> 보기　　　　　　　상식　　항상

1) 병수 : 우리 가족은 일요일이면 (　　　　　) 교회에 가.

　성림 : 우리는 휴일이면 (　　　　　) 늦잠을 자는데…….

2) 정희 : 쓰레기를 남의 집 앞에 버리는 건 (　　　　　)을 벗어난 행동이에요.

　대영 : 어떻게 처리할지 (　　　　　)적으로 판단합시다.

4 다음 중, 밑줄 친 부분이 <u>어색한</u> 문장을 고르세요. (   )

① 세계 경제가 <u>심상치 않다</u>.

② 자꾸 뭔가를 숨기려는 게 <u>비상하네</u>!

③ 유엔 안보리 <u>비상임이사국</u>은 2년에 한 번씩 선출됩니다.

④ 그는 국제 대회에서 상을 받는 등, <u>범상치 않은</u> 실력을 지니고 있습니다.

어휘력 다지기

5 각 그림과 어울리는 낱말을 보기에서 골라 괄호 안에 써넣으세요.

> 보기 　상평통보　　상록수　　상민　　비상구

1)

(　　　　)

2)

(　　　　)

3)

(　　　　)

4)

(　　　　)

6 다음 중, '상'의 뜻이 나머지와 <u>다른</u> 하나는? (　　　　)

① <u>상</u>식　　　　② <u>상</u>례　　　　③ 범<u>상</u>　　　　④ 회<u>상</u>

7 사자성어에 알맞은 뜻과 사용 예를 바르게 연결하세요.

1) 변화무상 　•　　　•　사람이라면 누구나 가지고 있는 변치 않는 마음　　•　　　•　세월의 흐름에서 □□□□을 느낀다.

2) 인생무상 　•　　　•　변화가 많아 정해진 바가 없다　　•　　　•　□□□□한 겨울 바다의 신비

3) 인지상정 　•　　　•　인생에서 변치 않는 것은 없다　　•　　　•　불쌍한 사람을 가여워하는 것은 □□□□!

농부가 씨를 뿌려~

위 그림과 가장 관계 깊은 낱말은 무엇일까요? (　　　)

① 어부　　　② 농사　　　③ 등산　　　④ 교사

답은 ② 농사(農事)겠지요. 곡괭이와 호미는 땅을 팔 때 필요한 도구입니다. 소는 밭을 갈 때 도움을 주는 가축이지요. 밀짚모자는요? 그래요, 뜨거운 햇볕 아래서 일할 때 꼭 필요하지요. 모두가 농사를 지을 때 필요한 것들입니다.

농(農)은 '농사짓다' 라는 말입니다. 예로부터 우리 조상들은 농사를 지으며 살아왔어요. 그래서 농업(農業)을 모든 일의 으뜸으로 여겼지요. 농업은 농작물을 기르고, 가꾸고, 거두는 일을 통틀어 부르는 말입니다. 농사를 지으려면 가장 필요한 것이 무엇일까요? 씨를 뿌릴 땅이 있어야 하지요. 이

■ 농사(農 事일 사)
농작물을 심어 기르고 거두는 일

■ 농업(農 業일 업)
농작물을 생산하는 일

■ 농작물
(農 作지을 작 物물건 물)
농사지어 기르는 것들

농자천하지대본

예로부터 우리 조상들은 농자천하지대본(農 者것 자 天하늘 천 下아래 하 之~의 지 大클 대 本근본 본)이라 하여, 농업을 세상 모든 일의 으뜸으로 여겼어요.

를 농경지(農耕地)라고 해요. 밭을 갈 수 있는 땅이라는 말이에요.

비슷한 말로 농지(農地)와 농장(農場)이 있어요. 농장에는 땅과 농기구, 가축들이 있어 언제라도 농사를 지을 수 있어요.

농사를 지어 생산한 물건은 농산물(農産物)이라고 해요. 농부가 열심히 농사를 지었는데 손해를 보면 안 되겠지요.

이럴 때 농부들의 어려움을 맡아 처리해 주는 국가기관을 농림수산식품부(農林水産食品部)라고 해요. 이곳에서는 농사에 관계된 모든 일을 살핍니다. 농협(農協)도 농부들에게 여러 가지 도움을 주는 단체입니다.

농부들이 가장 바쁜 계절은 언제일까요? 봄에는 씨를 뿌리고, 여름에는 모내기를 하지요. 가을에는 누렇게 익은 곡식을 추수하느라 바쁘답니다. 이렇게 바쁜 때를 농번기(農繁期)라고 불러요. 추수까지 모두 끝마친 겨울은 한가하겠지요. 이때를 농한기(農閑期)라고 해요.

農	농사 농

- 농경지(農 耕밭갈 경 地땅 지)
  땅을 갈아 농사 지을 곳
- 농지(農地)
  농사지을 땅
- 농장(農 場장소 장)
  농사지을 땅과 농기구, 가축, 일꾼 등을 갖춘 곳
- 농산물
  (農 産낳을 산 物물건 물)
  농사지어 생산한 물건
- 농림 수산식품부(農 林수풀 림 水물 수 産 食먹을 식 品물 선 部부서 부)
  농수산물과 식품 안전을 살피는 국가기관
- 농협(農 協도울 협)
  농민들이 서로 돕기 위해 만든 단체
- 농번기
  (農 繁바쁠 번 期때 기)
  농사일이 바쁜 시기
- 농한기(農 閑한가할 한 期)
  농사일이 한가한 시기

자식을 낳아 기르는 것을 농사에 비유해 '자식 농사'라고 부르기도 해요. '자식 농사 잘 지었다' 라는 말, 들어 본 적이 있나요? 자식들이 건강하게 잘 자라 사회에서 제 몫을 다하는 것을 말해요. 정성껏 곡식을 가꾸듯이 자식을 낳아 키우는 부모님의 마음이 엿보이는 말이지요.

<table>
<tr><td>농</td><td>農</td><td>농사, 농사짓다</td></tr>
</table>

農	농사 **농**

- 농**부**(農 **夫**사내 부)
  농사짓는 사람
- 농**업인**(農 **業**일 업 **人**사람 인)
  농사를 직업으로 삼은 사람
- 농**민**(農 **民**백성 민)
  농사짓는 백성
- 농**사**(農 **事**일 사)**꾼**
  농부를 낮추어 일컫는 말
- **귀**농(**歸**돌아갈 귀 農)
  농사짓는 일로 돌아감
- **귀**농**인**(**歸**農**人**)
  귀농한 사람
- **소작**농
  (**小**작을 소 **作**지을 작 農)
  땅을 빌려 조금씩 농사를 짓
  는 사람
- 농**가월령가**(農 **家**집 가 **月**달
  월 **令**계절 령 **歌**노래 가)
  농가에서 달마다 해야 할 일
  을 읊은 노래
- 농**사직설**
  (農**事 直**바를 직 **說**말씀 설)
  농사에 관한 바른 소리를
  모아 놓은 책

☐부 ☐부 ☐부

위 그림의 빈칸에 각각 들어갈 말은 무엇일까요? 네, 답은 어, 광, 농이에요.

고기를 잡는 사람은 어부, 탄광에서 석탄을 캐는 사람은 광부라고 하지요.

그러면, 농사를 짓는 사람은 무어라고 할까요? 맞아요. 농부(農夫)라고 부르지요. 농부와 비슷한 말로 농업인(農業人)이 있어요. 농사짓는 일로 생계를 꾸려 나가는 사람을 말하지요.

농민(農民)이란 말도 있어요. 농사짓는 백성이라는 말이지요. 농부나 농민을 달리 불러 농사꾼이라고 말하기도 해요.

요즘에 도시에서 시골로 내려가는 사람들이 많아졌어요. 공기 좋고 여유로운 시골이 그립기 때문이지요. 농사짓기 위해 시골로 돌아가는 것을 귀농(歸農)이라고 하고, 그런 사람을 귀농인이라고 하지요.

그런데 농사지을 땅이 없으면 어떡하지요? 그때는 땅을 빌려 조금씩 농사를 짓기도 합니다. 이런 사람을 소작농(小作農)이라고 해요.

 **이런 말도** 있어요

농업을 으뜸으로 여겼던 우리 조상들은 농사에 관한 노래나 책들을 많이 남겼어요. 농가월령가(農家月令歌)는 달마다 해야 할 농사일을 노래로 만든 것이에요. 농사직설(農事直設)은 농사에 관한 지식을 모아 놓은 참고서 같은 책이랍니다.

빨리 농사를 짓고 싶다고 성급하게 땅을 파면 곤란하겠지요? 아직 겨울잠이 한창인 개구리가 잔뜩 화가 나고 말았네요.

훌륭한 농부가 되려면 농사짓는 방법을 잘 알아야 합니다. 이를 농법(農法)이라고 해요.

농사를 지을 때는 여러 가지 도구도 필요하지요. 곡괭이, 호미, 쟁기⋯⋯. 모두 없어서는 안 될 농기구(農器具)들입니다. 트랙터, 경운기 등과 같은 농기계(農機械)도 없어서는 안 되겠지요.

<table>
<tr><td>農</td><td>농사 농</td></tr>
</table>

- 농법(農 法방법 법)
  농사짓는 방법
- 농기구
  (農 器그릇 기 具도구 구)
  농사에 필요한 기구
- 농기계(農 機틀 기 械기계 계)
  농사에 필요한 기계
- 농요(農 謠노래 요)
  농부들이 부르는 노래
- 농악(農 樂노래 악)
  농부들이 징, 꽹과리, 장구 등을 치며 즐기는 우리 고유의 음악
- 농악대(農樂 隊무리 대)
  농악을 하는 무리

농사는 참 힘든 일입니다. 일 년 내내 논밭에서 보내야 하기 때문이지요.

그래서 우리 조상들은 일하면서 노래하거나 춤을 추었대요. 그러다 보면 힘든 일도 어느새 신나고 재미있는 놀이처럼 느껴지거든요. 이렇게 농부들이 부르는 노래를 농요(農謠)라고 해요. 춤을 추고 악기를 치면서 농요를 부르면 농악(農樂)이 됩니다. 농악을 함께하는 사람들은 농악대지요.

지금도 시골에 가면 추수를 마친 때나 명절 때 농악 놀이가 펼쳐지는 것을 볼 수 있습니다. 마을 사람들이 모두 모여 흥겹게 노는 농악 놀이는 언제나 즐겁지요. 우리 고유의 민속놀이인 농악을 오래오래 잘 지켜 보존해야 하겠습니다.

농업용수

농사에 필요한 물을 농업용수(農業 用쓸 용 水물 수)라고 하지요.

농약

농작물에 벌레가 생기지 않게 하는 약을 농약(農 藥약 약)이라고 해요. 농약은 농부들의 건강에 해롭고 환경에도 안 좋으니까 되도록 덜 써야 하겠지요?

1 빈칸에 공통으로 들어갈 말은? (　　　)

> • 농사에 바쁜 시기를 □번기라고 해요.
>
> • 시골에서는 추수 때나 명절 때 □악 놀이를 해요.
>
> • 농사짓기 위해 시골로 돌아가는 일을 귀□(이)라고 하지요.
>
> • 우리 조상들은 예로부터 □업을 으뜸으로 여겼어요.

2 다음 중, 농사짓는 사람을 뜻하는 말이 <u>아닌</u> 것은? (　　　)

① 농민　　　　　　② 농부　　　　　　③ 농업인　　　　　　④ 농요

3 각 설명에 해당하는 낱말을 보기에서 찾아 괄호 안에 써넣으세요.

보기	농요　　농경지　　농법　　농업용수

1) 농사를 짓는 방법　　　　　　　　(　　　　　)

2) 농사에 필요한 물　　　　　　　　(　　　　　)

3) 농사지을 때 필요한 땅　　　　　　(　　　　　)

4) 농부들이 일하며 부르는 노래　　　(　　　　　)

4 ㉠과 ㉡의 설명이 가리키는 것을 바르게 짝 지은 것은? (　　　)

> ㉠ 농사에 관한 지식을 모아 놓은 책
>
> ㉡ 농사짓기 위해 달마다 해야 할 일을 노래로 만든 것

① ㉠ 농사직설 － ㉡ 농가월령가　　　　② ㉠ 농업용수 － ㉡ 농가월령가

③ ㉠ 농가월령가 － ㉡ 농업용수　　　　④ ㉠ 농가월령가 － ㉡ 농사직설

어휘력 다지기

5 밑줄 친 '농' 가운데 나머지와 뜻이 <u>다른</u> 것은? (   )

① 시골에 가면 허름한 <u>농</u>가가 많이 있다.

② 삼촌은 올봄에 서울에서 문경으로 귀<u>농</u>했다.

③ 사랑의 <u>농</u>도가 시간에 비례하는 것은 아니다.

④ 농사지을 땅이 없는 사람들은 소작<u>농</u>이 되었다.

6 그림과 낱말을 알맞게 연결하세요.

농번기   농한기

7 대화가 자연스러운 것에는 ○표, 어색한 것에는 ×표를 하세요.

1) 선생님 : 농악 놀이에 필요한 악기로는 뭐가 있을까? 　학생 : 피아노, 바이올린, 기타요!	
2) 아줌마 : 저 집은 자식 농사를 잘 지었어. 　아저씨 : 자식들이 모두 농사를 지어? 쌀 걱정 없겠네.	
3) 노인 : 벼에 벌레가 많구나. 　손자 : 할아버지, 농약 가져올까요?	
4) 철준 : 농부들은 일이 힘들 때는 노래를 부르면서 일했대. 　다빈 : 나도 알아. 그걸 농요라고 해.	

정답과 해설 14쪽

가로 열쇠

1) 큰 그릇은 늦게 만들어진다. 훌륭한 사람이 되기 위해선 많은 시간과 노력이 필요하다 (▶ 15쪽)

2) 열에 여덟이나 아홉 정도로 거의 예외가 없음 (▶ 29쪽)

5) 농사에 필요한 물 (▶ 39쪽)

7) 심장, 신장, 간, 폐처럼 우리 몸 안에서 일하고 있는 여러 기관 (▶ 15쪽)

8) 간단한 도구를 가지고 직접 필요한 것을 만드는 사람 (▶ 25쪽)

9) 집안, 학력, 직업 따위를 통해 드러나는 사람의 신분. 교육자 집안 ○○ (▶ 23쪽)

10) 천한 백성. 노비나 백정 등을 이르는 말 (▶ 25쪽)

13) 돌을 갈아 만든 도구를 쓰던 시대를 ○○○시 대라고 하지요 (▶ 13쪽)

14) 남의 불행을 불쌍하게 여기는 마음 (▶ 31쪽)

18) 농사지을 때 쓰는 기구 (▶ 39쪽)

19) 어떤 일을 맡아 하는 몸의 한 부분. 감각○○ (▶ 15쪽)

20) 농사에 필요한 기계 (▶ 39쪽)

세로 열쇠

1) 다른 사람이 할 일을 함 (▶ 22쪽)

3) 사철 내내 잎이 푸른 나무 (▶ 29쪽)

4) 키가 아홉 자나 되는 사람 (▶ 20쪽)

5) 농업은 세상 모든 일의 근본이라는 뜻의 한자어 (▶ 20쪽)

6) 물건을 담는 여러 가지 그릇 (▶ 13쪽)

8) 보통과 달리 의심스러움. '모습이 영 ○○한데' (▶ 30쪽)

11) 돌을 깨뜨려 만든 도구를 쓰던 시대를 ○○○시 대라고 하지요 (▶ 13쪽)

12) 몸에 그림이나 무늬를 새겨 넣는 것 (▶ 21쪽)

15) 실험할 때 쓰는 기구 (▶ 14쪽)

16) 습기를 더해 주는 도구 (▶ 14쪽)

17) 불을 끄는 도구 (▶ 14쪽)

제 2 장

올바른 사용법이 뭘까?

비데가 처음 나왔을 때 비데의 사용 방법을 몰라 위와 같은 경험을 한 사람들이 적지 않았대요. 일정한 목적이나 기능에 맞게 부려 쓰는 것을 사용(使用)이라고 합니다. 사용 방법은 사용법이라고 하죠. 여기서 사(使)는 '부리다', '사용하다' 라는 말이에요.

저런, 휴대전화 사용 예절을 모르는 사람이군요. 휴대전화나 인터넷을 사용하는 데에도 올바른 예절과 문화가 있답니다. 편한 것도 좋지만, 지킬 건 지켜야겠죠?

인터넷이나 휴대전화를 쓰고 나면 사용한 양에 따라 돈을 내야 합니다. 이 돈을 뭐라고 할까요? (　　)

① 사용량　　　② 사용료

그래요. ② 사용료입니다. 사용한 값으로 내는 돈을 사용료라고 하지요. 사용량은 쓰는 양을 말합니다.

使	부릴 사

- 사용(使用쓸 용)
  목적과 기능에 맞게 부려 씀
- 사용법(使用 法방법 법)
  사용 방법
- 사용료(使用 料요금 료)
  사용한 값으로 내는 돈
- 사용량(使用 量양 량)
  쓰는 양

사용과 이용

사용과 이용(利이로울 이 用)은 무엇을 쓴다는 점에서는 같은 뜻입니다. 사용이 단순히 '쓰다' 라는 뜻인데 비해, 이용은 '이롭게 쓴다' 라는 뜻이 더 강합니다.

위 그림에서 말하는 '행사' 의 뜻은 무엇일까요? (　　　)

① 일을 거행함

② 권리나 힘 따위를 사용함

답은 ②번이에요. 권리나 권력, 힘 따위를 사용하는 일을 행사(行使)라고 합니다. TV에서 경찰이 범죄 용의자에게 '묵비권을 행사할 수 있습니다' 라고 말해 주지요. 이 말은 용의자가 자기에게 불리한 진술을 거부하고 침묵할 수 있는 권리를 사용해도 된다는 말입니다. '행사' 의 의미를 잘 생각하면서 빈칸을 채워 보세요.

권한을 사용하는 것은 권한 □□,

폭력을 사용하는 것은 폭력 □□.

나쁜 왕비가 '사주' 하고 있는 장면이군요. 남을 부추겨 좋지 않은 일을 시키는 것을 사주(使嗾)라고 합니다.

정의를 실현하려고 애쓰는 사람에게 '정의의 사도' 라는 말을 쓰곤 하죠? 여기서 사도(使徒)란 거룩한 일을 위해 헌신하는 사람을 말합니다. 삼총사나 쾌걸 조로를 정의의 사도라고 하지요. 또 다른 뜻도 있어요. 예수가 복음을 전파하기 위해 모은 제자들이라는 뜻으로도 '사도' 가 쓰인답니다.

使 ｜ 부릴 사

- **행사**(行 행할 행 使)
  권리나 힘 따위를 사용함
- **권한 행사**
  (權 권리 권 限 한도 한 行使)
  권리를 정해진 한도에 맞게 사용함
- **폭력 행사**
  (暴 난폭할 폭 力 힘 력 行使)
  폭력을 사용함
- **사주**(使 嗾 부추길 주)
  남을 부추겨 좋지 않은 일을 시킴
- **사도**(使 徒 무리 노)
  부림을 받는 무리, 거룩한 일을 위하여 헌신하는 사람, 또는 예수가 복음을 전파하기 위해 모은 열두 제자

 **혹사**

혹독하게 일을 시키는 것을 혹사(酷 심할 혹 使)라고 해요.
예) 그는 공장에서 혹사당하고도 월급을 받지 못했다.

사 ｜ 使 　 부리다, 사용하다

使	심부름꾼 사

- 사자(使 者사람 자)
  심부름을 하는 사람
- 천사(天하늘 천 使)
  하늘에서 보낸 심부름꾼
- 사신(使 臣신하 신)
  임금의 명령을 받고 외국에
  심부름하러 가는 신하
- 사명(使 命명령 명)
  심부름꾼이 받은 명령, 심부
  름꾼에게 맡겨진 임무
- 사명감(使命 感느낄 감)
  주어진 임무를 잘 수행하려
  는 마음가짐

사자(使者)는 명령이나 부탁을 받고 심부름을 하는 사람을 가리킵니다. 사람이 죽으면 저승에서 염라대왕의 명령에 따라 죽은 사람의 넋을 데리러 온다는 심부름꾼이 바로 저승사자지요. 이럴 때 사(使)는 '심부름꾼'이라는 말이죠.

백의의 천사? 흰 옷을 입은 천사라는 말이에요. 정성껏 병을 치료해 주는 간호사를 이렇게 부르지요. 천사(天使)는 원래 하늘나라에서 보낸 심부름꾼을 뜻해요. 천사는 하늘에서 땅으로 보내져 인간을 돕고 보살피는 역할을 한다고 여겨지는 존재지요. 이 때문에 마음씨가 곱고 선량한 사람을 일컬어 '날개 없는 천사'라고 부릅니다.

다음 중, 임금의 심부름꾼을 뜻하는 낱말은 무엇일까요? (   )

① 사신   ② 사명

답은 ①번 사신(使臣)입니다. 임금이나 국가의 명령을 받고 외국에 심부름하러 가는 신하를 사신이라고 하지요. 사명(使命)은 심부름꾼이 받은 명령, 즉 심부름꾼에게 맡겨진 임무를 뜻합니다. 그렇게 주어진 임무를 잘 수행하려는 마음가짐은 사명감이라고 해요. 같은 일을 하더라도 사명감을 갖고 일하면 더 좋겠죠?

특사(特특별할 특 使)

특별한 임무를 띠고 파견하는 사신은 특사라고 해요.

밀사(密몰래 밀 使)

몰래 비밀스럽게 보내는 사자가 밀사이지요.

칙사(勅칙령 칙 使)

칙명을 받든 사신, 즉 임금의 명령을 전달하는 사신을 말해요. 극진하고 융숭한 대접을 '칙사 대접'이라고 해요. 임금의 명령을 전달하는 사신이니, 대우를 잘 받을 수밖에 없겠지요?

사(使)는 '지방에 파견된 관리'의 명칭에도 들어갑니다. 관찰사(觀察使)는 조선 시대에 각 도마다 1명씩 파견되었던 지방행정의 최고 책임자를 말하지요. 오늘날의 도지사와 비슷합니다. 도내의 행정을 다스리는 것은 물론이고, 지금의 도지사와는 달리 군사에 관한 일까지 맡아보았답니다.

절도사(節度使)는 고려 시대에 있었던 지방장관입니다. 조선 시대에 와서는 무관 벼슬인 병마절도사와 수군절도사를 통틀어 이르는 말로 쓰였지요.

통제사(統制使)는 삼도수군통제사의 준말로, 임진왜란 때 경상 · 전라 · 충청 세 도의 수군(오늘날의 해군)을 통솔하는 일을 맡아보던 총사령관을 말합니다. 이순신 장군이 바로 통제사였지요.

한편, 사(使)에는 '사절'이라는 뜻도 있습니다. 조선 후기에 개화 정책을 추진하기 위해 일본과 중국에 젊은이들을 보내 근대 문물을 배워 오게 하였지요. 이때 일본에 보냈던 외교 사절단을 수신사(修信使), 중국에 보냈던 외교 사절단을 영선사(領選使)라고 합니다.

使	관리 사

- 관찰사
(觀볼 관 察살필 찰 使)
조선 시대 각 도에 파견되었던 지방행정의 최고 책임자
- 절도사
(節마디 절 度법도 도 使)
고려 시대의 지방장관
- 통제사
(統거느릴 통 制억제할 제 使)
임진왜란 때 삼도의 수군을 통솔하던 무관 벼슬

使	사절 사

- 수신사
(修닦을 수 信믿을 신 使)
조선 후기에 일본에 보냈던 외교사절
- 영선사
(領거느릴 영 選뽑을 선 使)
조선 후기에 중국에 보냈던 외교사절

같은 말 다른 뜻 – 목사

조선 시대에 관찰사 밑에서 지방을 다스리던 관리를 목사(牧다스릴 목 使)라고 불렀습니다. 오늘날에는 교회를 맡아 다스리는 성직자를 목사(牧 師스승 사)라고 하지요.

조선 통신사(通信使)는 조선 시대 때 우리나라에서 일본으로 보내던 문화 사절단(使節團)입니다. 오늘날의 외교 사절단과 같다고 할 수 있지요. 그전에도 조선은 일본의 요청에 따라 사절단을 파견하였지만, 일본이 임진왜란을 일으키면서 사절단 파견이 중단된 상태였어요.

전쟁이 끝난 후, 일본은 임진왜란을 반성하고 다시 친하게 지내자는 의미로 사절단을 보내 줄 것을 7년 동안이나 요청해 왔습니다. 결국, 조선은 일본의 요구를 받아들여 200여 년 간 12차례에 걸쳐 대규모의 사절단을 파견하였어요. 이 사절단이 '조선 통신사' 입니다.

그럼, 이때의 '통신' 은 무슨 뜻일까요? (   )

① 신의를 교환함   ② 전화 따위로 소식을 전함

답은 ①번입니다. '통신' 은 조선과 일본 두 나라의 신의(信義)를 통하여 교류한다는 뜻이 담긴 말이랍니다. 두 나라 사이의 신뢰를 회복한다는 것이지요.

조선 통신사 행렬도(국사편찬위원회 소장)

조선 통신사는 300~500명의 사람들로 구성되었습니다. 사절단을 이끄는 관리, 통역을 맡은 사람, 글로 문화 교류를 하는 사람, 음악과 행렬을 담당하는 사람, 그 밖에도 의사, 화가, 서커스 단원, 요리사, 재능이 풍부한 아이, 배에 짐을 싣거나 뱃사공을 돕는 역할을 하는 사람 등, 다양한 역할을 맡은 사람들이 조선 통신사로 참가하였습니다.

조선 통신사는 조선의 수도였던 한성(지금의 서울)에서 출발하여 부산, 대마도를 거쳐 에도(지금의 도쿄)까지 갔어요. 교토에서 에도까지 가는 통신사 행렬은 화려하고 아름다운 하나의

거대한 퍼레이드로, 사람들의 즐거운 구경거리였습니다. 통신사가 한성을 출발하여 에도에 도착하기까지는 약 2,000킬로미터로, 6~9개월 가까이 걸렸다고 해요.

눈치 빠른 사람은 그림만 보고도 알아차렸겠지요? 조선 통신사가 일본에 전해 준 것들입니다. 조선 통신사는 조선의 우수한 문화를 일본에 전하는 역할을 했답니다. 그렇기 때문에 일본에서도 조선 통신사를 극진히 대접하였다고 해요.

다음 중, 조선 통신사가 끼친 영향이 <u>아닌</u> 것은 무엇일까요? (　　　)

① 일본의 문화 발달에 기여하였다.

② 일본의 학문과 기술을 발전시켰다.

③ 조선과 일본의 외교적 관계가 악화되었다.

④ 조선과 일본의 정치적 관계가 밀접해졌다.

맞아요. 답은 ③번이지요. 조선 통신사가 일본을 오가던, 200여 년은 한일 간에 전쟁이 없는 평화의 시대였습니다. 조선은 초반에는 일본과의 외교를 위하여 통신사를 파견하였지만, 청나라가 등장한 뒤에는 청의 세력을 견제할 목적으로 이용하기도 했어요. 조선 통신사가 일본에 다녀간 후에는 조선의 문화와 풍속이 널리 퍼질 정도였다고 해요. 그러다가 일본에서 조선 통신사에 대한 반대 여론이 확산되면서, 조선 통신사 파견은 19세기 초에 막을 내리게 됩니다.

낱말상자

- **통신사**(通 통할 통 信 믿을 신 使 사절 사) 신의를 통하여 교류할 목적으로 조선이 일본에 파견한 사절단
- **사절단**(使 節 마디 절 團 무리 단) 사명을 띠고 외국에 파견된 무리
- **신의**(信 믿을 신 義 의리 의) 믿음과 의리
- **외교**(外 외국 외 交 사귈 교) 외국과 교류하는 일

1 빈칸에 공통으로 들어갈 말은 무엇일까요? (　　　　)

> • 투표권 행□은(는) 민주 시민의 첫걸음이다.
>
> • 먼 옛날에는 비둘기를 훈련시켜 통신용으로 □용했다.
>
> • 관찰□은(는) 오늘날의 도지사에 해당하는 조선 시대의 관직이다.
>
> • 지난밤엔 TV에 저승□자에 관한 이야기가 나와서 몹시 오싹했다.

2 낱말과 낱말의 뜻을 바르게 연결하세요.

1) 하늘의 심부름꾼　　　　　●　　　　　● 밀사

2) 특별한 임무를 띤 심부름꾼　　●　　　　　● 특사

3) 임금의 심부름을 하는 신하　　●　　　　　● 사신

4) 몰래 비밀스럽게 보내는 심부름꾼 ●　　　　　● 천사

3 괄호 안에 들어갈 말을 보기에서 찾아 문장을 완성하세요.

> 보기　　　행사　　사주　　사도　　사명　　사신　　혹사

1) 의사로서 (　　　　　)감을 갖고 일하겠어!

2) 함부로 폭력을 (　　　　　)하다가는 감옥에 가게 될걸?

3) 돈키호테는 정의의 (　　　　　)인가, 정신 나간 사람인가?

4) 그는 돈을 주고 범행을 (　　　　　)한 혐의로 체포되었다.

5) 두 나라의 문화 교류를 위해 (　　　　　)이(가) 자주 왕래하였다.

6) 너, 그렇게 하루 종일 눈을 (　　　　　)했다간 안경 쓴다.

4 밑줄 친 '사'의 뜻에 따라 주어진 낱말들을 나누어, 1)과 2)에 써 보세요.

> 관찰사　　영선사　　절도사　　통제사　　수신사　　통신사

1) 지방에 파견된 관리 ⇒ (　　　　　　　　　　　　　　)

2) 외국에 파견된 사절단 ⇒ (　　　　　　　　　　　　　　)

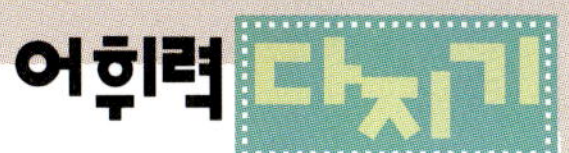

5 빈칸에 공통으로 들어갈 낱말을 아래에서 골라 ○표 하세요.

> 사주　　행사　　사용　　사명

> 재□□　　　□□료　　　□□량
>
> □□법　　　□□ 금지　　　□□ 기간

6 다음 중, 조선 통신사에 대한 설명으로 적절하지 <u>않은</u> 것은? (　　　)

① 이때 '통신'은 신의를 통하여 교류한다는 말이다.

② 300~500명이 참가한 큰 규모의 사절단이었다.

③ 조선 시대에 일본에서 우리나라에 보낸 사절단이었다.

④ 한시나 그림, 글씨, 책, 도자기 등 조선의 우수한 문화를 일본에 전하였다.

7 암호를 풀고, 설명이 뜻하는 말을 잘 생각해서 써 보세요.

	◎	◆	☆	♣	♡
1	간	고	은	바	아
2	하	이	호	통	말
3	게	연	소	는	보
4	종	사	르	를	람
5	답	개	가	마	름

(◎1)(☆2)(◆4)(♣4)　　(♡1)(♡5)(◎5)(◎3)　　(◆2)(☆4)(♣3)　　(♡2)

(　　)(　　)(　　)(　　)　(　　)(　　)(　　)(　　)　(　　)(　　)(　　)　(　　)

➡ ________________________

實 열매 실

밭에서 난다고 다 과실은 아니지!

기본어휘 잡기

'과실' 과 <u>다른</u> 말은 무엇일까요? (   )

① 열매   ② 과일   ③ 실과   ④ 채소

답은 ④ 채소예요. 과실(果實)은 사과, 배, 복숭아 같이 사람이 먹을 수 있는 열매를 가리키는 말이에요. '과일' 과 '실과' 도 같은 말이지요. 과일은 주로 나무에서 나는 열매를 말해요. 토마토가 과일이 아니고 채소인 것은 그 때문이죠. 이렇게 실(實)은 '열매' 를 뜻해요. 매실(梅實)은 매화나무의 열매예요. 그럼, 매실로 술을 담그면? 매실주가 되지요.

열매 맺는 것은 결실(結實), 먹을 수 있는 열매를 맺는 나무는 유실수(有實樹)죠.

목화씨는 면실(棉實)이라 하고, 목화씨에서 짜낸 기름을 면실유라 해요. 실(實)에는 이렇게 '씨' 라는 뜻도 있어요.

實	열매 실

- 과실(果열매 과 實)
  과일, 열매, 실과
- 매실(梅매화나무 매 實)
  매화나무의 열매
- 매실주(梅實 酒술 주)
  매실로 담근술
- 결실(結맺을 결 實)
  열매를 맺음
- 유실수
  (有있을 유 實樹나무 수)
  먹을 수 있는 열매를 맺는 나무

實	씨 실

- 면실(棉목화 면 實)
  목화씨
- 면실유(棉實 油기름 유)
  목화씨에서 짜낸 기름

우리가 쓰면 일기지만, 왕들의 일을 적어 놓으면 실록이 돼요. 실록 (實錄)은 왕이 한 말이나 행동을 있는 그대로 적은 기록을 말해요. 여러분이 아는 조선의 왕을 떠올리며 빈칸을 채워 볼까요?

세종□□, 영조□□, 정조□□…

실록은 사실(事實)을 있는 그대로 적었어요. 역사를 자기 마음대로 꾸며서 쓰면, 지어낸 이야기인 소설과 다를 바가 없겠지요.

다음 중, '현실성'이 있는 말은 무엇일까요? (   )

① 달에는 토끼가 떡방아를 찧고 있어요.

② 빛은 1초에 지구를 7바퀴 반을 돌 수 있어.

③ 동해 용왕이 토끼 간을 먹고 힘을 얻었다지?

④ 배고파서 한 번에 빵을 백 개는 먹을 수 있을 것 같아.

답은 ②번이에요. 현실(現實)은 지금 눈앞에 나타나 있는 사실을 말해요. 현실성(現實性)은 현실이 될 법한 성질, 실제로 그럴 수 있는 것을 가리키지요.

실태(實態)란 있는 그대로의 상태를 말해요. 뜻을 생각하면서 빈칸을 채워 보세요.

있는 그대로의 상태를 알아보는 것은? □태 조사.

알아본 것을 말이나 글로 알려 주는 것은? □태 보고.

實	사실실

- 실록(實 錄기록할 록)
  왕들의 일을 사실 그대로 기록한 것
- 사실(事일 사 實)
  실제로 있었던 일
- 현실(現나타날 현 實)
  눈앞에 나타나 있는 사실
- 현실성(現實 性성질 성)
  현실이 될 법한 성질
- 실태(實 態모양 태)
  있는 그대로의 상태
- 실태 조사(實態 調조사할 조 査조사할 사)
  있는 그대로의 상태를 조사하는 일
- 실태 보고
  (實態 報알릴 보 告알릴 고)
  실태를 말이나 글로 알리는 일

실 實   열매, 씨, 사실

實 실제 실

- **실기**(實 技기술 기)
  실제 기능이나 기술
- **실리**(實 利이익 리)
  실제로 얻는 이익
- **실명제**
  (實 名이름 명 制제도 제)
  실제 이름을 쓰는 제도
- **실물**(實 物물건 물)
  실제로 있는 물건이나 사람
- **실험**(實 驗시험할 험)
  실제로 해 봄
- **실학**(實 學학문 학)
  실제 생활에 도움이 되는 학문

위 그림의 빈칸에 들어갈 말은 무엇일까요? (   )

① 실망   ② 실기   ③ 실수   ④ 실태

답은 ②번. 실기(實技)는 실제의 능력이나 기술을 말해요. 요리 책을 많이 읽고 운동 이론을 잘 알고 있더라도, 실제로 요리나 운동을 잘한다는 보장은 없지요. 실기는 몸으로 익히는 게 중요하거든요.

‘실제’, ‘진짜’ 라는 뜻의 실(實)을 생각하면서 빈칸을 채워 볼까요?
실제로 얻는 이익은? □리.
실제의 자기 이름을 쓰게 하는 제도는? □명제.
실제로 보이는 물건이나 사람은? □물.
실제로 시험해 보는 것은? □험.

빈칸에는 모두 ‘실(實)’이 들어가겠지요. ‘실명’의 반대말이, 남의 이름을 빌린다는 뜻의 ‘차명(借名)’이라는 것도 알아 두세요.

그렇다면, 실제 생활에 도움이 되는 학문을 가리키는 말은? (   )

① 견학   ② 실학   ③ 실화   ④ 실습

그래요. 답은 ② 실학이에요. 실학(實學)은 17~18세기에 조선 시대 선비들이 백성들의 생활에 실제로 도움이 되는 학문과 기술에 관심을 보이면서 생겨났어요.

차명

차명(借빌릴 차 名이름 명)은 실명의 반대말로, 남의 이름을 빌려 쓰는 것을 말해요.

실탄

실제의 탄알을 실탄(實 彈탄알 탄)이라고 하지요.

실화

실화(實 話이야기 화)는 실제로 있었던 이야기를 말하죠.

實	실제 **실**

- 실현(實 現 나타날 현)
  실제로 이루어짐

實	참될 **실**

- 성실(誠 정성 성 實)
  정성스럽고 참됨
- 불성실(不 아닐 불 誠實)
  성실하지 않음

實	충실할 **실**

- 내실(內 안 내 實)
  속이 꽉 참, 충실함
- 부실(不 아닐 부 實)
  내실이 없음

위 그림의 밑줄 친 말을 한 낱말로 바꾸면 무엇일까요? (　　　)

① 실현　　　② 희망　　　③ 실천　　　④ 기쁨

답은 ① 실현이지요. 실현(實現)은 실제로 이루는 것을 말해요.

꿈은 성실하게 노력하지 않으면 실현될 수가 없지요. 성실(誠實)은 정성스럽고 참되다는 말이에요. 반대말은 불성실이지요. 늦잠을 잔다거나 숙제를 안 하면 불성실하다는 소리를 듣게 되지요.

'겉으로 멀쩡하던 건물이 와르르 무너졌어요. □□ 공사를 했거든요.'

빈칸에 들어갈 말은? (　　　)

① 내실　　　② 부실　　　③ 성실　　　④ 정실

답은 ② 부실(不實). 충실하지 않다는 말이지요. 내실(內實)은 속이 충실한 거예요. 과일 속이 꽉 찬 것처럼 말이죠.

실천

생각한 것을 실제로 행하는 것은 실천(實 실제 실 踐 이행할 천)이라고 하지요.

절실

절실(切 간절할 절 實 참될 실)은 참으로 간절하게 바라는 마음을 가리키는 말입니다.

같은 말 다른 뜻 – 구실

구실(口實)이란 입으로 실제를 가장한다는 말에서 나왔어요. 핑계를 댄다는 뜻이지요. 한편, 순 우리말 '구실'도 있어요. 맡은 바 책임을 뜻하죠. '제 구실을 하다'는 맡은 일을 제대로 한다는 말이에요.

　　요즘 여러 방송사에서 사극을 많이 방송하지요. 사극은 역사에 나오는 이야기를 바탕으로 살을 붙여 만들어요. 특히 조선 시대는 '조선왕조실록'이 있어 사극으로 만들기가 좋아요. 조선왕조실록(朝鮮王朝實錄)은 조선 시대 왕들이 한 행동이나 말, 궁궐에서 벌어진 일들을 있는 그대로 꼼꼼하게 기록한 책이에요.

　　조선을 세운 태조부터, 조선 25대 왕인 철종까지 472년 동안의 일을 기록한 역사책인만큼 그 가치를 높이 인정받고 있어요. 그렇게 오랫동안 여러 왕들이 한 일을 일일이 적은 역사책은 세계적으로도 드물답니다. 그래서 1997년에는 유네스코에서 정한 세계 기록 유산에 이름을 올렸어요. 세계적으로도 귀중한 문화유산이라고 인정받은 것이지요. 조선왕조실록은 각 왕이 살아 있을 때 쓴 '승정원일기'를 바탕으로 왕이 죽으면 따로 실록청을 만들어서 기록했지요.

　　그런데 실록이 없는 왕도 있어요. 조선 시대에는 왕을 하다가 쫓겨난 사람이 두 명 있어요. 10대 왕 연산군과 15대 왕 광해군이 그들이지요. 이들도 죽은 뒤에 기록을 했는데, 그 기록은 '실록'이 아니라 '일기'라고 부르죠.

세계 기록 유산

국제연합의 전문기구인 유네스코에서는 1997년부터 2년마다 전 세계에서 중요한 문서들을 '세계 기록 유산'으로 정하고 있어요. 우리나라에서는 〈조선왕조실록〉을 비롯해 〈직지심체요절〉, 〈훈민정음〉, 〈승정원일기〉, 이렇게 4점이 세계 기록 유산에 올라 있답니다.

낱말상자

■ **조선왕조실록**(朝아침 조 鮮빛날 선 王임금 왕 朝왕조 조 實사실 실 錄기록할록) 조선 시대 왕이 한 말과 행동을 사실대로 기록한 책

■ **세계 기록 유산**(世세상 세 界경계 계 記적을 기 錄기록할 록 遺남길 유 産재산 산) 세계적으로 중요한 기록 문화유산

금융실명제는 자신의 실제 이름으로 금융거래를 하게 하는 제도예요. 예전에는 차명이나 가명으로 금융기관과 거래를 할 수 있었어요. 다른 사람의 이름을 빌리거나 가짜 이름을 만들어서 은행과 거래를 했지요. 그러나 이제는 통장을 만들려면 실물 사진이 붙은 신분증이 반드시 있어야 해요. 금융실명제는 1993년 대통령이 정한 긴급명령으로 시작되었어요. 사람들이 돈을 벌고도 세금을 안 내려고 남의 이름이나 가짜 이름으로 통장을 만들어 돈을 숨겨 놓아서 문제가 많이 생겼기 때문이지요.

인터넷에도 실명제 바람이 불고 있답니다. 사이트에 가입해서 게시판에 글을 쓸 때도 주민등록번호를 넣고, 본인 확인을 해야 해요. 자기 이름이 아닌 닉네임을 쓰면 가까운 사람이라도 알아보지 못하지요. 자기를 숨기고 인터넷에 다른 사람을 욕하거나 거짓말을 쓰는 경우가 늘어나면서 문제가 생기자, 2004년부터 본인 실명을 등록하도록 법으로 정했답니다.

낱말상자

- **실명제**(實 이름 명 制제도 제) 실제 이름으로 거래하는 제도
- **가명**(假거짓 가 名) 가짜 이름
- **차명**(借빌릴 차 名) 남의 이름을 빌려 씀, 또는 빌린 이름

1 다음 중, 밑줄 친 낱말과 뜻이 같은 말은? (　　　)

> 올해 시경이네 복숭아밭에 <u>과실</u>이 탐스럽게 잘 익었더군요.

① 잡곡　　　　② 열매　　　　③ 정성　　　　④ 채소

2 낱말과 낱말의 뜻을 바르게 연결해 보세요.

1) 실제로 얻는 이익　　　　　　　　　　• 　　•　실태

2) 정성스럽고 참됨　　　　　　　　　　• 　　•　유실수

3) 먹을 수 있는 열매를 맺는 나무　•　　　•　실리

4) 있는 그대로의 상태　　　　　　　　•　　•　성실

3 대화의 빈칸에 공통으로 들어갈 낱말은 무엇일까요? (　　　)

: 고무는 탄성이 있어서 늘어났다 제자리로 돌아온대.

: 그래? 그럼 □□해 봐야지.

: 아야! 내 머리 끈을 잡아당기면 어떻게 해!

: 난 단지 과학적으로 □□한 것 뿐이라고!

① 기록　　　　② 실험　　　　③ 실화　　　　④ 국사

4 다음은 무엇에 대한 설명일까요? (　　　)

> • 유네스코 세계 기록 유산
>
> • 태종, 세종, 영조, 정조, ……
>
> • 있는 그대로 적은 기록

① 진실　　　　② 어명　　　　③ 훈민정음　　　　④ 실록

어휘력 다지기

5 빈칸에 알맞은 말을 보기에서 찾아 대화를 완성해 보세요.

> 보기　　　　절실　　실물　　실천　　실학　　실명

1) : 난 방학 계획표 다 짰어. 이제 놀면 돼!

　 : 계획만 세우면 뭘 하니? ☐☐을 해야지.

2) : 지원아, 넌 ☐☐자 중에서 어떤 분이 기억나니?

　 : 그야 물론, 연암 박지원이지.

3) : 우리 집 강아지가 너희 집에 찾아갔다고?

　 : 어미 개가 ☐☐하게 그리웠나 봐.

4) : 안녕. 내가 수민이야. 반가워.

　 : 넌 사진보다 ☐☐이 훨씬 더 멋지구나.

5) : 어, 게시판에 왜 글을 쓸 수 없지?

　 : 요즘엔 ☐☐제 때문에 본인 확인을 해야 된대.

6 오른쪽 설명에 해당하는 낱말들을 낱말판에서 가로, 세로로 찾아 ○표 하세요.

지	스	속	구	꿈	바
금	융	실	명	제	표
물	질	우	리	차	약
청	부	실	니	구	실
벽	쌍	현	사	인	성

1) 꿈이나 기대를 실제로 이루는 것
2) 은행에서 통장을 만들 때 자기 이름으로 하게 하는 제도
3) 핑계. ○○을(를) 내세우다
4) 충실하지 않음. ○○ 공사

아이가 태어난 날로부터 백 번째 되는 날을 백일(百日)이라고 하지요. 유아사망률이 높았던 옛날에는 아기가 살아서 백일을 맞기가 그리 쉽지 않았어요. 그래서 그것을 축하하기 위해 가족과 친척들이 모여 백일잔치를 벌였지요.

백합은 다 흰색일까요? 아니에요. 백합(百合)이라고 흰색만 있는 건 아니랍니다. 백합이라는 이름 때문에 '백합은 하얀 꽃'이라고 생각하기 쉬운데, 백합의 '백'은 흰 백(白)이 아니고 일백 백(百)이에요. 백 개의 뿌리가 합쳐진 꽃이라는 말이지요. 이렇게 이름에 백(百) 자가 들어가는 식물이 또 있네요. 네, '백일홍'이에요. 백일홍은 꽃이 100일 동안 붉게 핀다고 해서 붙여진 이름이에요.

百	일백 백

- 백일(百 日날 일)
  아이가 태어난 지 백 일째 되는 날
- 백일홍(百 日 紅붉을 홍)
  백 일 동안 붉게 피는 꽃, 국화과의 한해살이풀
- 백합(百 合합할 합)
  백 개의 뿌리가 합쳐진 꽃, 백합과의 여러해살이풀

백일기도(百 日 祈빌 기 禱빌 도)는 바라는 일을 이루어 달라고 백 일 동안 정성껏 비는 것을 말해요.

백년초(百 年해년 草풀 초)는 선인장의 한 종류예요. 백 년이 넘게 사는 식물, 또는 백 가지 병을 낫게 하는 식물이라는 뜻으로 붙인 이름이지요.

삼국시대에 백제(百濟)라는 나라가 있었지요. 왜 나라 이름에 백(百) 자를 썼을까요? 확실치는 않지만, 이런 이야기가 있어요. 백제의 시조 인 온조왕이 처음 세운 나라의 이름은 십제(十濟)였어요. 그런데 따르 는 사람이 늘어나 나라 규모가 커지자, 십(十)의 열 배인 일백 백(百)을 써서 규모에 맞게 이름을 바꾸었다는 거지요.

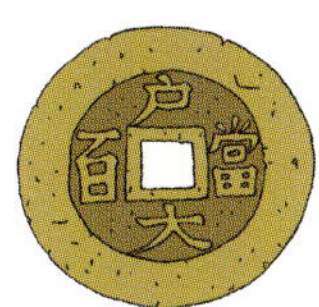

한편, 조선 말기에 경복궁을 다시 지을 때, 공사에 필요 한 막대한 비용을 마련하기 위해 흥선대원군은 '당백전' 이라는 화폐를 만들었습니다.

여기서 '당백전'은 무슨 뜻일까요? (　　　)

① 백 푼의 가치에 해당하는 돈

② 흰색을 띠는 돈

답은 ①번입니다. 당백전(當百錢)은 당시까지 쓰이던 돈인 상평통보 의 100배에 해당하는 가치를 가진 화폐였답니다. 그러나 실질적인 가 치는 5~6배 정도밖에 되지 않았기 때문에, 많은 부작용이 있어 오래 쓰이진 못했어요.

백문 불여일견(百聞不如一見)이라는 말, 한번쯤은 들어 보았지요? 백 번 듣는 것이 한 번 보는 것만 못하다는 말입니다. 즉, 무엇이든지 제 눈으로 직접 경험을 해야 확실히 안다는 말이지요.

百　일백 백

■ 백제(百 济구제할 제)
　고구려, 신라와 함께 삼국을
　이루던 나라
■ 당백전
　(當해당할 당 百 錢돈 전)
　상평통보의 100배의 가치
　에 해당하는 돈, 조선 말기
　에 흥선대원군이 새롭게 만
　든 화폐
■ 백문 불여일견(百 聞들을 문
　不아니 불 如같을 여 一한 일
　見볼 견)
　백 번 듣는 것이 한 번 보는
　것만 못함, 무엇이든 직접
　경험해야 확실히 알 수 있음

● 백부장(百 夫사내 부 長우
　두머리 장)은 옛 로마 군대에서
　100명으로 조직된 단위 부대의
　우두머리를 말해요.

● 일당백(一한 일 當당할 당
　百)은 한 사람이 백 사람을 당
　해 낸다는 말이에요. 매우 용감
　하거나 능력이 빼어난 사람을
　일컫는 말이지요.

백 百　100, 일백

百	많을 **백**

- **백**해무익(百 害해로울 해 無 없을 무 益이로울 익) 해로움은 많고 이로움은 없음
- **백**화점 (百 貨물건 화 店 가게 점) 여러 가지 물건을 파는 가게
- **백**과(百 科과목 과) 온갖 과목
- **백**엽상 (百 葉잎 엽 箱상자 상) 잎처럼 생긴 판자 여러 장을 상자 모양으로 짜 맞춘 기상 관측용 설비
- **백**중(百 中가운데 중) ① 음력 7월 보름으로, 백종 (百 種씨 종)에서 유래한 말 ② 백발백중(百 發쏠 발 百 中)의 준말, 쏘는 대로 다 맞음

백해무익(百害無益)이란 해롭기만 하고 하나도 이로운 바가 없다는 뜻입니다. 백해무익의 '백'은 꼭 100이라기보다 그만큼 많다는 말이지요. 이렇게 백(百)에는 '여러, 많은, 온갖' 이라는 뜻도 있습니다.

밑줄 친 '백' 가운데 나머지와 뜻이 다른 것은 무엇일까요? (   )

① 백화점   ② 백과사전   ③ 백엽상   ④ 백일

답은 ④번입니다. 왜 그런지, 하나씩 알아볼까요? 백화점(百貨店)은 많은 물건들을 진열해 놓고 판매하는 곳이지요. 백과(百科)사전은 학문, 예술, 문화, 사회, 경제 등 여러 분야에 걸쳐 지식을 총망라해 놓은 사전입니다. 둘 다 '많다' 라는 뜻의 백(百)을 씁니다.

백엽상

백엽상의 '백'도 마찬가지예요. 백엽상(百葉箱)은 길다란 잎처럼 생긴 나무판자 여러 장을 짜 맞추어 상자 모양으로 만든 것이지요. 판자가 많이 쓰이지만 꼭 100장인 건 아니죠. 하지만 백일의 '백'은 정확히 100을 나타내요. 그래서 답이 ④번이지요.

🌰 **백만장자**(百 萬일만 만 長클 장 者사람 자)는 재산이 매우 많은 사람을, **오곡백과**(五다섯 오 穀곡식 곡 百 果과일 과)는 온갖 곡식과 과일을 말해요.

같은 말 다른 뜻 - 백중

음력 7월 보름날인 백중(百中)은 '백가지 곡식의 씨앗을 갖추어 놓았다' 란 뜻의 '백종(百種)'에서 유래한 말입니다. 불교 행사로 시작되었지만, 일반 사람들도 여러 음식을 함께 나누며 즐겁게 놀지요. 한편 총이나 대포, 활 따위가 쏘는 족족 들어맞는 것을 백중(百中) 또는 백발백중(百發百中)이라고 합니다.

百 | 모든 백

- 백(百)날
  모든 날, 아주 오랜 날 동안
- 백성(百 姓성씨 성)
  모든 성씨의 사람,
  나라를 이루는 모든 사람
  또는 계급사회에서의 일반
  평민
- 백수백복도(百 壽목숨 수 百
  福복 복 圖그림 도)
  모든 수명(장수)과 모든
  복을 비는 그림
- 백방(百 方방법 방)
  모든 방법

백날? 100일? 여기서 백(百)날은 '모든' 날, 즉 '아주 오랫동안' 이 란 말입니다. 주로 안 좋은 의미를 가진 말과 함께 쓰입니다.

빈칸에 들어갈 말로 적절한 것은 다음 중 무엇일까요? (   )

'□□ 노력해 봤자 아무 소용없다'

① 백성   ② 백날   ③ 백반   ④ 백세

답은 ②번 백날이지요. 백성(百姓)은 '모든 성씨의 사람' 이에요. 백 성 없는 나라는 없지요? 백성은 이처럼 나라의 근본을 이루는 모든 사 람을 이르는 말입니다. 한편, 백성은 계급사회이던 옛날에 양반이 아 닌 일반 평민을 일컫던 말이기도 해요.

백수백복도
(계명대학교 행소박물관 소장)

왼쪽 그림은 백수백복도(百壽百福圖)의 모습입니다. 물 고기와 새, 꽃 등으로 壽(수)와 福(복) 자를 반복하여 나 타낸 그림입니다. 모든 수명(장수)과 모든 복을 바라는 마 음이 담겨 있지요. 이때도 백(百)은 '모든' 을 뜻합니다.

'치료 약을 구하기 위해 백방으로 알아보고 있다' 에서 '백방' 은 무슨 뜻 일까요?

① 백 개의 방   ② 모든 방법   ③ 백두산   ④ 하얀 방

네. 백방(百方)은 ②번 '모든 방법' 을 뜻합니다. 어떤 문제를 해결해 줄 온갖 방법과 온갖 수단을 가리키는 말이지요.

백관(百 官관리 관)은 '모 든 관리' 를 말해요. 문관과 무 관을 합쳐 '문무백관' 이라고 부 르지요.

백년가약(百 年해 년 佳아 름다울 가 約약속 약)이란 '백 년', 즉 평생을 갈 아름다운 약 속이라는 말이에요. 결혼식 때 신랑 신부가 '백년가약' 을 맺지 요.

백전백승(百 戰싸움 전 百 勝승리 승)은 모든 싸움에서 다 승리를 거둔다는 말이죠.

백분율(百分率)은 기준량을 100으로 할 때의 비율을 말합니다. 즉, 사물이나 수량을 100으로 나누어 그중에 얼마인지 나타내는 말이지요. 기호로는 %를 쓰고, '퍼센트'라고 읽습니다.

퍼센트(percent)

per는 '～마다'를 뜻해요. cent는 100을 뜻하는 라틴어 centum에서 온 말이에요. 그러니까, percent는 '100마다 (얼마)'가 되지요. 10percent는 100마다 10, 다시 말해서 100 중에 10이라는 말이지요.

왜 하필 백분율일까요? 89분율이나 74분율을 쓰지 않는 까닭은 무엇일까요? 백분율 쪽이 계산하기 편해서 그렇지요. 100 중의 20을 계산하기 쉬울지, 89 중의 20을 계산하기 쉬울지 잘 생각해 보세요.

100이란 숫자는 백분율뿐 아니라 여러 수의 기준으로 많이 사용됩니다. 시험 점수도 100점이 만점일 때가 많지요. 1이나 10을 기준으로 잡으면 숫자가 너무 작아져서 복잡한 소수 계산이 되기 때문에, 주로 100을 기준으로 잡는 거예요.

그럼, 100이 아닌 10이나 1000 등을 기준으로 하는 비율은 없을까요? 있습니다. 일상생활과 밀접한 관계가 있는 확률은 백분율로 거의 다 나타낼 수 있지만, 바닷물의 염분이나 유해가스의 농도는 그 수치가 너무 작아 천분율이나 백만분율 등으로 표시하지요.

본격적으로 백분율에 관해 알아보기 전에 문제 하나!

짱순이는 수학 시험에서 25문제 중에 21문제를 맞혔습니다. 이것을 100점 만점의 점수로 나타내면 몇 점일까요? (　　　　)

전체 문제 수에 대한 짱순이가 맞힌 문제 수의 비율은? $\dfrac{21}{25}$

백분율 외에도…

- 십분율 = 할(割) : 사물이나 수량을 '10으로 나누어 그중에 몇'을 나타내는 말

- 천분율 = 퍼밀(‰) : 사물이나 수량을 '1000으로 나누어 그중에 몇'을 나타내는 말

- 백만분율 = 피피엠(ppm) : 사물이나 수량을 '백만으로 나누어 그중에 몇'을 나타내는 말

- 십억분율 = 피피비(ppb) : 사물이나 수량을 '십억으로 나누어 그중에 몇'을 나타내는 말

- 조분율 = 피피티(ppt) : 사물이나 수량을 '조로 나누어 그중에 몇'을 나타내는 말

이 비율을 소수(小數)로 나타내면? $\dfrac{21}{25}=\dfrac{84}{100}=0.84$

25문제를 다 맞혔을 때의 점수를 100점으로 한다면, 한 문제는 몇 점씩? $100 \div 25 = 4$ 즉, 4점.

짱순이의 점수는 100점 만점으로 몇 점?

21문제×4점=84   즉, 84점이지요.

이처럼 100점 만점의 점수는 기준량을 '100'으로 본 것입니다.

앞에서 배운 것을 생각하면서 빈칸을 채워 보세요.

"기준량을 100으로 할 때의 비율을 □□□이라고 합니다."

"100 중에 84는 84%라 나타내고, 84□□□라고 읽습니다."

잘 했어요, 빈칸에 들어갈 말은 백분율, 퍼센트이지요.

백분율을 구하는 방법

백분율(%) = (비율) × 100

그럼, 반대로 백분율을 분수(分數)나 소수로 바꿔서 나타낼 수도 있을까요?

그럼요. 60%는 100 가운데 60이므로, 분수로는 $\dfrac{60}{100}$, 약분해서 $\dfrac{3}{5}$ 이지요.

소수로 나타내면 $\dfrac{3}{5}=\dfrac{6}{10}=0.6$ 이에요. 이 수는 백분율 60%에 0.01을 곱한 것과 같지요.

백분율을 소수로 나타내는 방법

소수 = (백분율) × 0.01

생활 속의 백분율

• 상대습도

공기가 수증기를 최대한 포함할 수 있는 정도를 100으로 보았을 때, 현재 공기 속에 들어 있는 수증기의 양을 백분율로 나타낸 것이에요.
예) 현재 상대습도는 67%

• 할인 판매

옷 가게에서 30% 할인된 가격으로 물건을 판매한다면, 10만 원짜리 옷은 10만 원의 30%에 해당하는 3만 원을 할인하여 7만 원에 판매한다는 말이에요.

• 비율

$(비율) = \dfrac{(비교하는 양)}{(기준량)}$

25문제 중에 21문제를 맞혔을 때 맞힌 문제의 '비율'은 $\dfrac{21}{25}$ 이죠.

낱말상자

■ **백분율**(百 분 分나눌분 率비율율) 기준량을 100으로 할 때의 비율

■ **소수**(小 작을소 數숫자수) 0보다 크고 1보다 작은 수

■ **분수**(分 數) 어떤 수를 다른 수로 나누어 분자와 분모로 나타낸 수

1 빈칸에 공통으로 들어갈 말은 무엇일까요? (   )

> • □방으로 약을 썼지만 병은 점점 깊어만 갔다.
>
> • 우리 엄마는 꽃 중에서 □합을 가장 좋아하십니다.
>
> • 오랜만에 엄마와 함께 □화점에 갔는데 마침 세일 기간이었다.
>
> • 이번 주 토요일은 귀여운 내 동생의 □일잔치가 있는 날이야.

2 낱말과 낱말의 뜻을 바르게 연결하세요.

1) 잎처럼 생긴 판자 여러 장을 상자
   모양으로 짜 맞춘 기상 관측용 설비   •   • 백성

2) 옛 로마 군대에서 100명으로
   조직된 단위 부대의 우두머리   •   • 백부장

3) 모든 성씨의 사람, 국민   •   • 당백전

4) 상평통보의 100배의 가치에 해당하는
   돈, 조선 말기에 대원군이 만든 화폐   •   • 백엽상

3 다음 중, 일백 백(百) 자와 관계가 <u>없는</u> 식물은 어느 것일까요? (   )

① 백일홍   ② 백합   ③ 백장미   ④ 백년초

4 괄호 안에 들어갈 말을 보기에서 찾아 문장을 완성하세요.

보기	백날 백일 백중 백관

1) 그런 책은 (   ) 봐야 아무런 도움도 안 돼.

2) 고구려를 세운 주몽은 백발(   )의 명사수였다.

3) 임금은 중요한 결정을 하기 위해 조정의 문무(   )을 불러 모았다.

4) 할머니께서는 형의 중요한 시험을 앞두고 (   )기도에 들어가셨다.

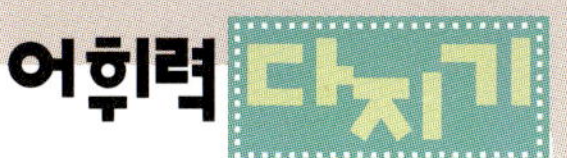

5 빈칸에 알맞은 사자성어를 보기에서 골라 써 넣으세요.

> **보기**   백발백중   백전백승   백해무익   백년가약   백만장자

1) ☐☐☐☐ 한 담배, 아직도 피우십니까?

2) 우리나라 양궁 선수는 과녁의 중앙을 ☐☐☐☐ 맞혀, 결국 금메달을 땄다.

3) 오랜 연애 끝에 두 사람은 ☐☐☐☐ 을(를) 맺었다.

4) 나를 알고 적을 알면 ☐☐☐☐ (이)다.

5) 그가 발명한 제품은 큰 성공을 거두었고, 그는 젊은 나이에 ☐☐☐☐ 이(가) 되었다.

6 십자말풀이를 완성해 보세요.

가로 열쇠

1) 아기가 태어난 날로부터 백 번째 되는 날.
    ○○잔치

2) 기준량을 100으로 할 때의 비율

3) 대원군이 경복궁 재건을 위해 만든 화폐, 상평통보의 100배의 가치에 해당하는 돈

4) 온갖 곡식과 과일을 오곡○○(이)라고 하지요.

6) 고구려, ○○, 신라

세로 열쇠

1) '백 번 듣는 것이 한 번 보는 것만 못하다' 는 ○○이 불여일견

2) 물고기와 새, 꽃 등으로 '수(壽)'와 '복(福)' 자를 반복하여 나타낸 그림

4) 모든 성씨의 사람, 나라의 근본을 이루는 모든 사람

5) 100일 동안 붉게 핀다는 꽃

낙서도 글은 글!

기본어휘 잡기

우리 꼬마 친구가 낙서하느라 바쁘네요. 낙서(落書)는 '글을 아무렇게나 흘리다' 라는 말입니다. 이럴 때 서(書)는 '글' 을 말합니다.

회의록과 같은 글을 기록하는 사람을 뭐라고 부를까요? (　　　)

① 총무　　　　② 회계　　　　③ 서기　　　　④ 오락

맞아요! 정답은 ③ 서기(書記)입니다. 글을 기록하고 문서를 관리하는 사람이란 말이죠.

옛날에는 '서당' 에서 글을 배웠죠? 서당(書堂)은 글방입니다. 그럼, 도산서원과 같은 서원(書院)은 무엇을 하는 곳일까요? 조선 시대에 선비들이 모여 글을 익히고, 성현의 제사를 모시던 곳입니다. 나중에 양반들이 서원을 정치적 근거지로 삼으면서 여러 가지 문제를 낳기도 했지요.

書	글 서

- 낙서(落흘릴 낙 書)
  글을 함부로 흘림, 장난으로 함부로 쓴 글씨나 그림
- 서기(書 記기록할 기)
  글을 기록하고 문서를 관리하는 사람
- 서당(書 堂집 당)
  글방
- 서원(書 院집 원)
  조선 시대에 선비들이 모여서 글을 익히고 성현을 제사 지내던 곳

서당이나 서원이 있던 옛날에는 전화도 없고 전자우편도 없었어요. 그때에는 서로 연락을 할 때 어떤 수단을 사용했을까요? 사극에서 자주 나오는 말들을 떠올려 보세요.

"이 서한을 아무에게도 들키지 않고 전달해야 하네."

"장군님! 서신이 도착했습니다."

서한, 서신, 엽서의 공통점은 무엇일까요? (　　　)

① 노래　　　　　② 편지　　　　　③ 책　　　　　④ 만화

맞아요. 모두 ② 편지를 뜻하는 말입니다. 엽서는 우편엽서, 그림엽서 같은 짧은 편지입니다. 편지 중에서 국가 간의 문서 같은 공식적인 편지나, 또는 항의 서한과 같이 격식을 갖춘 편지는 '서한'이라고 한답니다.

판서(板書)는 칠판에 분필로 글을 쓰는 것을 말하죠. 여기서 서(書)는 글 자체가 아니라 실제로 글을 쓰는 행동을 가리킵니다.

불을 끄고도 글을 썼다는 한석봉, 추사체라는 독특한 서체를 완성시킨 김정희와 같은 서예가들도 글을 쓰는 분들이죠? 글씨를 붓으로 쓰는 예술을 서예(書藝)라고 합니다.

書	글 서

- **엽서**(葉잎 엽 書)
  잎사귀처럼 작은 종이에 쓴 짧은 편지
- **우편엽서**
  (郵우편 우 便소식 편 葉書)
  우편으로 보낸 엽서
- **그림엽서**(葉書)
  그림이 있는 엽서
- **서한**(書翰편지 한)
  편지＝서신(書信편지 신)
- **항의 서한**
  (抗겨룰 항 議꾀할 의 書翰)
  항의를 담은 편지

書	글쓸 서

- **판서**(板널 판 書)
  칠판에 글을 쓰는 것
- **서예**(書藝재주 예)
  글씨를 붓으로 쓰는 예술
- **서예가**(書藝家사람 가)
  붓글씨를 전문으로 쓰는 예술가

서 書　글, 글을 쓰다

書	책 서

- 도서(圖그림 도 書)
  책
  ＝서적(書 籍서적 적)
- 교과서
  (敎가르칠 교 科과목 과 書)
  교과 내용을 담은 책
- 참고서
  (參헤아릴 참 考생각할 고 書)
  참고 내용을 담은 책
- 서점(書 店가게 점)
  책을 갖추어 놓고 파는 가게
- 서재(書 齋방 재)
  책을 갖추어 놓고 책을 읽거
  나 글을 쓰는 방
- 서고(書 庫창고 고)
  책을 보관하는 곳
- 독서(讀읽을 독 書)
  책 읽기
- 성서(聖성스러울 성 書)
  성인이 쓴 책, 기독교의 경전
- 경서(經경서 경 書)
  유교의 사상과 교리를 적은
  책
- 사서삼경
  (四넉 사 書 三석 삼 經)
  성현의 가르침을 담은 네 가
  지 책과 세 가지 경전

책을 흔히 도서 또는 서적이라고 하지요? 도서(圖書)는 그 자체로 책이란 뜻을 가지고 있습니다. 우리가 배우는 교과서, 그리고 참고로 보는 책인 참고서에 쓰인 것처럼 서(書)는 '책'이란 뜻으로도 많이 사용됩니다. 그래서 책을 갖추어 놓고 파는 곳을 서점(書店)이라고 하죠.

서(書) 자의 뜻을 생각하면서 다음 빈칸을 채워 볼까요?

책을 갖추어 놓고 책을 읽거나 글을 쓰는 방은? ☐재.

책을 보관하는 곳은? ☐고.

우리나라 사람들이 취미 란에 제일 많이 적는 게 독서래요. 학교에서도 독서왕을 뽑죠? 독서(讀書)를 통해 우리는 직접 경험하지 못하는 많은 일들을 알 수 있습니다. 또 기독교의 성서, 유교의 경서 등을 통해 성현들의 행적과 가르침을 배울 수도 있답니다.

이런 말도 있어요

유교의 사서삼경(四書三經)에서 서(書)와 경(經)의 차이는 무엇일까요? '논어, 맹자, 중용, 대학'의 사서(四書)처럼 공자와 맹자의 가르침을 가려 뽑아 묶은 것이 서(書)이고, '시경, 서경, 역경' 처럼 유교의 사상과 교리를 적어 놓은 그 밖의 경전은 경(經)이라고 한답니다.

어떤 생각이나 내용을 글로 적은 것을 문서(文書)라고 하고, 온갖 문서를 통틀어 서류(書類)라고 합니다. 이럴 때 서(書)는 '문서'라는 말이죠.

위 그림의 빈칸에 알맞은 말은? (　　　)

① 반성　　　② 서면　　　③ 서예　　　④ 사진

답은 ② 서면(書面). 내용을 적은 문서를 뜻합니다. 문서로 남기면 그냥 말로 하는 것보다 더 정확하게 뜻을 전달할 수 있죠. 또, 잘 보관하면 나중에도 쉽게 확인할 수 있다는 이점도 있습니다.

학교에서 현장 체험 학습을 갈 때는 신청서를, 다녀와서는 보고서를 냅니다. 이렇게 문서는 어떤 내용이 담겼느냐에 따라 이름이 달라집니다.

서(書)의 뜻을 생각하면서 빈칸을 채워 볼까요?

설명하는 문서는? 설명□.

계획이 담긴 문서는? 계획□.

증거가 되는 문서는? 증□.

의견을 나타내는 문서는? 의견□.

書 문서 서

■ 문서(文글월 문 書)
생각이나 내용을 글로 적은 것

■ 서류(書 類무리 류)
온갖 문서를 통틀어 이르는 말

■ 서면(書面면 면)
내용을 적은 문서, 글을 쓴 지면

■ 신청서
(申알릴 신 請청할 청 書)
신청하는 문서

■ 보고서
(報알릴 보 告알릴 고 書)
보고하는 문서

■ 설명서
(說말씀 설 明밝힐 명 書)
설명하는 문서

■ 계획서
(計꾀할 계 劃나눌 획 書)
계획이 담긴 문서

■ 증서(證증거 증 書)
증거가 되는 문서

■ 의견서
(意뜻 의 見보일 견 書)
의견을 나타내는 문서

1 빈칸에 공통으로 들어갈 말은 무엇일까요? (   )

> • 독□은(는) 마음의 양식!
>
> • 체험 학습 보고□을(를) 제출해 주세요.
>
> • 경상북도 영주에 있는 소수□원은 우리나라 최초의 □원이다.
>
> • 아빠 □재에서 「초단비」 좀 갖다 줄래?

2 낱말과 낱말의 뜻을 바르게 연결하세요.

1) 글씨를 붓으로 쓰는 예술 •　　　　　• 판서

2) 장난으로 쓴 글씨나 그림 •　　　　　• 낙서

3) 글을 기록하는 사람 •　　　　　• 서예

4) 칠판에 글을 쓰는 것 •　　　　　• 서기

3 밑줄 친 '서' 가운데 나머지와 뜻이 <u>다른</u> 것을 찾아 ◯표 하세요.

1) 　설명<u>서</u>　　신청<u>서</u>　　경찰<u>서</u>　　증<u>서</u>

2) 　서울　　<u>서</u>신　　<u>서</u>한　　엽<u>서</u>

4 빈칸에 알맞은 낱말을 보기에서 찾아 쓰세요.

> 보기 　　　서랍　　판서　　서리　　서류

지영 : 선생님! 이 신청서 어떻게 해요?

선생님 : 굉장히 중요한 　□　□　(이)니까 꼭 제 날짜에 제출하도록!

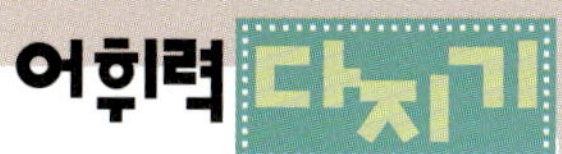

5 그림과 어울리는 낱말을 보기에서 찾아 괄호 안에 써넣으세요.

> 보기   서점   교과서   서당   서예

1) (　　　　　)

2) (　　　　　)

3) (　　　　　)

4) (　　　　　)

6 바른 설명을 하고 있는 친구들의 이름을 괄호 안에 차례대로 써 보세요.

> 독 : 서점, 서재의 서(書)는 '책'을 뜻한다.
>
> 서 : 엽서, 서한, 서신은 모두 '편지'를 가리키는 말이다.
>
> 완 : 사서삼경은 농사에 대한 기술을 적어놓은 글이다.
>
> 두 : 낙서는 깨끗하게 정리한 글을 말한다.
>
> 왕 : 책 읽는 것을 독서라고 한다.

정답 : 나는 (　　　　　)!

어휘랑 놀자

정답과 해설 14쪽

가로 열쇠

3) 상평통보의 100배의 가치를 띤 돈. 조선 말기 경복궁 공사 비용을 위해 흥선대원군이 만든 화폐 (▶61쪽)

5) 조선에서 일본으로 보낸 외교 사절단. 두 나라의 신의를 교류한다는 뜻을 담고 있음 (▶48쪽)

7) 기준량을 100으로 할 때의 비율 (▶64쪽)

8) 붓글씨를 전문으로 쓰는 예술가 (▶69쪽)

10) 현실이 될 법한 성질 (▶53쪽)

14) 백 번 듣는 것이 한 번 보는 것만 못하다, 무엇이든 직접 경험해 보아야 확실히 안다 (▶61쪽)

16) 먹을 수 있는 열매를 맺는 나무 (▶52쪽)

19) 임진왜란 때 삼도의 수군을 통솔하던 무관 벼슬 (▶47쪽)

20) 의견을 나타내는 문서 (▶71쪽)

세로 열쇠

1) 조선 시대 왕이 한 말과 행동을 사실대로 기록한 책 (▶56쪽)

2) 권리나 힘 따위를 사용함. 폭력 ○○ (▶45쪽)

4) 물고기와 새, 꽃 등으로 장수와 복을 바라는 마음을 담은 그림 (▶63쪽)

6) 신청하는 문서 (▶71쪽)

9) 가짜 이름 (▶57쪽)

11) 백일 동안 붉게 피는 꽃 (▶60쪽)

12) 목화씨에서 짜낸 기름은 면○○ (▶52쪽)

13) 분자와 분모로 나타낸 수 (▶65쪽)

14) 평생을 갈 아름다운 약속. ○○○○ 을/를 맺다 (▶63쪽)

15) 정성스럽고 참되지 않음. 성실의 반대말 (▶55쪽)

17) 실제 이름을 쓰는 제도. 인터넷 ○○○ (▶54쪽)

18) 책읽기 (▶70쪽)

和
화목할 화

마음을 합쳐 화목한 가정

기본어휘 잡기

위 그림은 단군을 낳은 환웅과 웅녀의 결혼 장면이에요. 빈칸에 들어갈 말은 무엇일까요? (　　　)

① 화목　　　　② 화장　　　　③ 이혼　　　　④ 불화

답은 ① 화목이지요. 화목(和睦)이란 서로 뜻이 맞고 정다운 것을 말해요. 환웅과 웅녀는 서로 마음을 합쳐 사랑했어요. 둘의 결혼으로 세상도 화목해졌지요. 화(和)에는 이렇게 '화목하다'라는 뜻이 있어요. 그런데 요즘에는 한집안 사람끼리도 다투고 미워하기도 하지요. 한집안 안에서 화목하지 못한 것을 가정 불화(家庭不和)라고 해요.

화(和)에는 '따뜻하다', '순하다'라는 뜻도 있어요. 화창(和暢)하다는 날씨나 바람이 부드럽고 따뜻하다는 말이지요.

和	화목할 화

■ 화목(和 睦친할 목)
서로 뜻이 맞고 정다움
■ 가정 불화(家집 가 庭집안 정 不아니 불 和)
한집안 안에서 화목하지 못함

和	따뜻할 화

■ 화창(和 暢화창할 창)
날씨나 바람이 부드럽고 따뜻함

비가 내리니, 분명 화창한 봄날은 아니에요. 그런데도 코끼리 아저씨 눈에는 고래 아가씨 얼굴에 화색이 도는 것처럼 보이나 봐요. 얼굴에 온화한 빛이 감도는 것을 화색(和色)이라고 합니다.

온화(溫和)는 따뜻하고 부드러운 상태를 말해요. 마음이 온화해지면 자연스럽게 화목한 분위기가 만들어져요. 이러한 분위기를 화기애애(和氣靄靄)하다고 해요. 온화하고 화목한 기운이 봄날 아지랑이처럼 피어오른다는 말이죠.

이런, 야채들이 부화뇌동하고 있네요. 부화뇌동(附和雷同)이란 우레 소리에 맞춰 함께 화답한다는 뜻으로, 줏대 없이 남이 하는 대로 따라 하는 것을 말해요. 이때 화(和)는 '화답하다', '응하다'의 뜻이랍니다.

땅 이름에도 화(和)가 들어가요. 전라남도에 가면 화순이라는 곳이 있어요. 마을 사람들이 얼마나 온순하면 온화할 화(和)에 순할 순(順), 화순입니다. 고려 시대부터 붙여진 이름인데, 이 지방 사람들의 성품을 따라서 이런 이름을 붙였대요.

네덜란드의 한자 이름, 화란(和蘭)에도 화(和)가 들어가요. 네덜란드의 영어 이름이 '홀란드'인데, 이 이름과 소리가 비슷한 한자를 골라 '화란'이라는 이름을 붙였답니다.

和	온화할 화

- **화색**(和 **色**색 색)
  얼굴에 온화한 빛이 감도는 것
- **온화**(溫따뜻할 온 和)
  따뜻하고 부드러움
- **화기애애**(和 氣기운 기 靄피어오를 애 靄)
  온화하고 화목한 기운이 피어오름
- **화순**(和 順순할 순)
  전라남도에 있는 도시
- **화란**(和 蘭난초 란)
  네덜란드(홀란드)의 한자 이름

和	화답할 화

- **부화뇌동**(附붙을 부 和 雷우레 뇌 同같을 동)
  우레 소리에 맞춰 함께 화답함, 줏대 없이 남을 따라 행동함

화 | 和　화목하다, 온화하다, 화답하다

和	조화로울 **화**

- **조화**(調고를 조 **和**)
  모든 것이 잘 어울림
- 부**조화**(**不**아닐 부 調**和**)
  조화롭지 아니함
- **화**음(**和** 흡소리 음)
  여러 음이 서로 조화를 이룸
- **친화**력(**親**친할 친 **和 力**힘 력)
  조화를 잘 이루며 사람들과
  친해지는 능력
- **공화**정치(**共**함께 공 **和 政**정
  사 정 **治**다스릴 치)
  공공의 이익을 위해 모두가
  화합하여 다스려 가는 정치
- **공화**국(**共和 國**나라 국)
  공화정치가 이루어지는
  나라

왼쪽의 멋진 지휘자는 모든 것이 조화를 이루고 있지요. 조화(調和)는 모든 것이 잘 어울리는 상태를 뜻해요. 그런데 오른쪽 지휘자는 그렇지 않죠? 지휘자가 팬티 바람이라니, 정말 부조화스럽네요.

여러 개의 음이 조화를 이루는 것은 화음(和音)이라고 해요. 화음이 잘 맞아야만 좋은 음악이 될 수 있어요. 사람도 마찬가지예요. 조화를 잘 이루고 친해지는 능력이 있어야 인간관계가 좋아진답니다. 그런 능력을 친화력(親和力)이라고 하죠.

친화력이 있다면 어디에서든 잘 적응하고 조화를 이룰 수 있어요. 인간관계뿐 아니라 정치에도 조화가 있어야 해요. 여러 사람이 함께 공공의 이익을 위해 화합해서 다스려 나가는 정치를 공화정치(共和政治)라고 합니다.

그리고 공화정치가 이루어지는 나라를 공화국이라고 하지요. 이처럼 화(和)는 '조화롭다' 라는 뜻도 가지고 있어요.

🥔 **공화정치와 군주정치**

공화정치는 국민이 뽑은 대표자의 의사에 따라 나라의 주권이 행사되는 정치예요.
공화정치의 반대말은 군주정치(**君**임금 군 **主**주인 주 **政治**)예요. 왕이 나라의 모든 걸 결정하는 정치죠.

和	평화로울 **화**

- 평화(平평온할 평 和)
전쟁이나 다툼 없이 평온하고 화목함
- 평화공존
(平和 共함께 공 存있을 존)
평화롭게 함께 지냄
- 평화통일
(平和 統합칠 통 一하나 일)
분단된 나라가 평화적으로 하나의 나라가 되는 것
- 화해(和 解풀 해)
다툼을 멈추고 안 좋은 마음을 풀어 없앰
- 불화(不아니 불 和)
화해하지 못함

어때요? 남과 북의 병사들이 총을 버리고 어깨동무하며 춤을 추고 있으니 보기 좋지요? 이렇듯 평화(平和)는 전쟁이나 다툼 없이 세상이 화목한 것을 말합니다.

나라가 둘로 나뉘어 있는 한반도에 필요한 것도 평화이지요. 그런데 이러한 분단 상태로 '평화공존'이 이루어질 수 있을까요? 아마 불가능할 것입니다.

평화공존(平和共存)은 평화롭게 함께 지내는 것을 말합니다. 한반도의 평화를 위해서는 '평화통일'을 이루어야 합니다.

평화통일(平和統一)은 화해를 통해 분단된 나라를 하나로 합치는 것을 말해요. 화해(和解)란 다툼을 멈추고 안 좋은 마음을 풀어 없애는 것이지요. 화해는 '갈등(葛藤)'을 이겨 내는 힘이 있습니다.

갈등은 칡넝쿨과 등나무 덩굴이 뒤얽힌 것처럼, 일이나 사람의 마음이 서로 엉켜서 불화(不和)하는 것을 말하지요.

지금으로부터 130년 전, 우리나라에 처음 서양 세력이 등장합니다. 이양선이 하나 둘 나타나 무역을 하자고 조르기 시작한 것입니다.

큰 돛을 달고 대포를 실은 서양의 배들은 그 모양이 우리나라의 배와 달라서 이양선(異樣船)이라 불렀습니다. 그들은 처음에는 식량이나 물을 요구하였습니다. 그러다 점차 무역과 통상을 요구하는 일이 잦아졌습니다.

이양선 우리나라의 배와 모양이 다르다고 해서 붙여진 이름

통상(通商)은 외국과 상업적으로 교류하는 것을 말합니다. 무역도 비슷한 말입니다. 서로 필요로 하는 물건을 거래하는 것이죠. 통상이 거부당하고 다툼이 벌어져 서양인들이 다치게 되자, 서양 세력은 본색을 드러내 군함을 앞세우고 침략해 왔습니다.

흥선대원군을 중심으로 한 조선의 조정은 서양인들의 침략에 강력하게 대응하여 이들을 물리쳤습니다. 이렇게 서양 사람들이 일으킨 난리를 양요(洋擾)라고 합니다. 신미년에 일어난 양요는 신미양요, 병인년에 일어난 양요는 병인양요라 부르죠.

흥선대원군 그가 중심이 되어 척화비를 세웠다.

이어 일본, 중국, 러시아 등 한반도 주변 국가들까지 우리나라를 놓고 식민지 쟁탈전을 벌입니다. 우리나라를 서로 차지하겠다고 다투고 있었던 것이지요.

두 차례에 걸친 서양의 침략을 물리친 후, 흥선대원군은 서양과 교류하지 않겠다는 결의를 다지기 위해 전국에 척화비(斥和碑)를 세웠습니다.

'서양 오랑캐가 침범하였을 때 그들과 싸우지 않으면 화해하는 것이요, 화해를 주장하는 것은 나라를 파는 일이다' 라고 새겨진 척화비는 서양 세력과 결코 화해하지 않겠다는 의지를 보여 줍니다.

척화의 뜻을 새겨서 세운 비석은 척화비, 이러한 주장은 척화론(斥和論)입니다. 당시 조선에서는 척화론과 주화론이 대립하고 있었지만, 서양 문물을 받아들이는 것은 나라의 힘이 강해진 다음에 해도 늦지 않다는 것이 흥선대원군의 생각이었습니다.

흥선대원군이 시행한 나라의 문을 굳게 닫는 정책 즉, 쇄국정책(鎖國政策)에 뜻을 같이한 사람들을 척화파(斥和派)라고 합니다. 그 반대편에 있는 것이 주화론과 주화파입니다. 서양 세력과 화합하기를 주장하는 것은 주화론(主和論), 이러한 뜻을 가지고 모인 세력은 주화파(主和派)라고 부르죠.

1875년 운요호사건이 일어납니다. 일본 군함 운요호가 강화도 앞바다에 나타나자 조선 수병이 포격을 가했습니다. 이 사건을 두고 일본은 자기 나라에 대한 침략이라며 트집을 잡게 됩니다. 이 사건이 빌미가 되어 결국 우리나라는 일본과 강화도조약을 맺게 되지요.

강화도조약을 맺은 후에는 서양 문물을 받아들여 나라의 힘을 기르자는 주장이 더 힘을 갖게 되고, 이에 힘입어 명성황후는 개화 정책(開化政策)을 펴기 시작합니다. 개화 정책이란 나라의 문을 열고 새로운 문물을 받아들이는 정책을 뜻합니다.

척화비 '서양 오랑캐가 침범하였을 때 그들과 싸우지 않으면 화해하는 것이요, 화해를 주장하는 것은 나라를 파는 일이다'라고 쓰여 있다.

명성황후 그녀의 주도로 개화 정책이 시작되었다.

낱말상자

- **이양선**(異다를 이 樣모양 양 船배 선) 우리나라의 배와 모양이 다른 배
- **통상**(通통할 통 商장사 상) 외국과 상업적으로 교류함
- **양요**(洋서양 양 擾소란 요) 서양인이 일으킨 난리
- **척화비**(斥물리칠 척 和화해할 화 碑비석 비) 서양 세력과 화해하지 않겠다는 뜻을 담아 세운 비석
- **척화파**(斥和派갈래 파) 척화를 주장하는 세력
- **쇄국정책**(鎖잠글 쇄 國나라 국 政정사 정 策꾀할 책) 나라의 문을 굳게 잠그자는 정책
- **주화론**(主주될 주 和 論의견 론) 서양과 화해하자는 주장
- **주화파**(主和派) 주화를 주장하는 세력
- **개화 정책**(開열 개 化될 화 政策) 나라의 문을 열고 새로운 문물을 받아들이자는 정책

1 다음 빈칸에 들어갈 낱말에 공통으로 들어가는 글자는? (   )

> • 줏대 없이 다른 사람이 하는 대로 □□□□하면 안 됩니다.
>
> • 다른 사람과 잘 친해지는 능력을 □□□(이)라고 합니다.
>
> • 쌍쌍이 모이자 분위기가 □□□□해졌습니다.

① 애(靄)   ② 화(化)

③ 친(親)   ④ 화(和)

2 땅 이름인 '화순'과 '화란'에 공통으로 쓰인 한자는? (   )

① 化   ② 華   ③ 花   ④ 和

3 낱말과 낱말의 뜻을 바르게 연결하세요.

1) 서로 뜻이 맞고 정다움　　　•　　　• 화창

2) 한집안 안에서 화목하지 못함　•　　　• 가정불화

3) 날씨나 바람이 부드럽고 따뜻함 •　　　• 화목

4) 얼굴에 온화한 빛이 감도는 것　•　　　• 화색

4 밑줄 친 낱말의 쓰임이 바르지 <u>않은</u> 것은? (   )

① 이 꽃은 생화가 아니고 <u>조화(調和)</u>입니다.

② 음악에서는 <u>화음(和音)</u>을 이루는 것이 중요합니다.

③ 한반도에서의 <u>평화공존(平和共存)</u>은 가능할 것인가?

④ 갈등을 극복하는 길은 <u>화해(和解)</u>밖에 없습니다.

어휘력 다지기

5 다음 중, 반대말이 바르게 짝 지어지지 <u>않은</u> 것은? (　　　)

① 주화론 – 척화론　　　　　② 화해 – 갈등
③ 공화국 – 공화정치　　　　④ 조화 – 부조화

6 글자판에서 필요한 글자를 골라, 그림과 어울리는 사자성어를 만들어 보세요.

부	갈	화	등	황
이	뇌	저	강	동

답 : ☐ ☐ ☐ ☐

7 십자말풀이를 완성해 보세요.

가로 열쇠

1) 서양 세력과 화해하지 않겠다는 뜻을 담아 세운 비석

4) 평온하고 화목함. ○○통일

6) 화목한 기운이 피어오름. ○○○○한 분위기

세로 열쇠

2) 다툼을 멈추고 안 좋은 마음을 풀어 없앰

3) 모든 것이 잘 어울림

5) 공화정치가 이루어지는 나라

개업 축하해요~

기본어휘 잡기

위 그림의 빈칸에 들어갈 말은 뭘까요? 맞아요, 개업(開業)이에요. 문을 열고 사업을 새로 시작한다는 말이죠. 개업을 축하하는 행사는 개업식이라고 해요. 이처럼 개(開)는 무엇을 새로 '열다' 라는 말이에요.

가게를 새로 여는 것은 개점(開店)이라고 하죠. 개점휴업이란 말도 있어요. 개점은 했으나 장사가 안 되어 사업을 쉬는 거나 다름없는 상태를 말하죠. '개(開)'의 뜻을 생각하면서 빈칸을 채워 보세요.

수영장, 전시장과 같은 장소를 새로 여는 것은? □장.

도서관, 미술관 등을 새로 여는 것은? □관.

도서관에서 책을 꽂아 두는 서가를 열어 사람들이 이용하게 하는 건 개가(開架)라고 하지요.

어떤 큰 행사를 시작할 때, '막을 연다' 라고도 하죠? 막[幕]을 여니까[開], 개막(開幕)이지요.

반대로, 어떤 행사를 끝내는 것은 '막을 닫는다[閉]' 라는 뜻에서 '폐막' 이라고 해요.

開	열 개

- 개업(開業 사업 업)
  사업을 새로 시작하다
- 개업식(開業 式 행사 식)
  개업을 축하하는 행사
- 개점(開店 가게 점)
  가게를 열다
- 개점휴업
  (開店 休 쉴 휴 業)
  가게는 열었으나 장사가 안
  돼 사업을 쉬고 있는 상태
- 개장(開場 마당 장)
  장소를 열다
- 개관(開館 큰 건물 관)
  건물을 열다
- 개가(開架 선반 가)
  서가를 개방하다
- 개막(開幕 막 막)
  막을 열다
  ↔ 폐막(閉 닫을 폐 幕)

하하! 생선 배 여는 것도 개복이긴 하죠. 의사가 수술용 칼로 배를 갈라서 여는 수술이 개복수술(開腹手術)이에요. 잘라서 여는 것을 절개(切開)라고 하지요? 절개를 해서 풀로 봉한 편지나 소포를 여는 건 개봉(開封)이라고 하죠.

반장 선거 해 봤죠? 투표함을 열어 결과를 확인하는 것을 개표(開票)라고 해요. 도로나 철도 등을 새로 열면, 막혀 있던 길이 서로 통하게 되겠죠? 이것을 개통(開通)이라고 해요.

예전에 비행기가 없던 시절에는 외국과 배로 교류했어요. 그래서 '항구를 연다' 라는 뜻의 개항(開港)이 외국과 교류를 시작한다는 말이 되었죠. 이것을 개방(開放)이라고도 하지요. 개방하면, 상품이나 인력이 자유롭게 오가는 개방경제가 되죠.

여러 사람이 볼 수 있게 개방하는 것은 공개(公開)라고 해요. 그럼, 다음 빈칸을 채워 볼까요?

학생뿐 아니라 일반인들에게 열린 강좌는? ☐☐강좌.

여러 사람이 방청객으로 참여하는 방송은? ☐☐방송.

개 開　열다

무엇을 연다는 것은 새로운 시작을 의미하죠. 그래서 개(開)가 붙어 '시작하다' 라는 뜻을 갖게 된 말들이 많아요.

왼쪽 사람들의 공통점은 무엇일까요? 나라를 처음 세운 사람들 즉, 개국(開國)한 사람들이죠. 여러분 학교의 개교기념일은? □월 □일.

주몽   이성계   왕건

개교(開校)는 학교가 만들어져 첫 수업을 시작한 날을 말해요. 개강(開講)은 학기 중에 처음으로 강의를 시작하는 걸 말하겠죠. 반대말은 '종강' 이에요.

방학이 끝나고 새 학기를 시작하는 건 개학(開學), 회의를 시작하는 건 개회(開會)라고 해요. 반대로, 모임을 끝내는 건 '폐회' 라고 하죠. 그럼, 멈추었던 회의나 경기를 이어서 다시 시작하는 것은? 속개(續開), 재개(再開)라고 하지요. 또, 은행에서 통장을 만들어 거래를 시작하는 것은 개설(開設)이라고 해요.

천지개벽(天地開闢)이라는 말, 들어 봤어요? 하늘과 땅이 새로 열릴 정도로 큰 사건이 일

어났다는 뜻이에요. 천지가 개벽하며 환웅이 내려와 우리의 시조가 되었다죠? 우리는 개천절(開天節)을 제정해 그날을 기념하고 있어요.

개(開)는 '펴다', '펼치다' 는 뜻도 가져요. 전개(展開)는 3차원의 입체를 평면 위에 펼치는 것을 말해요. 어떤 일을 시작하여 계속 펼쳐 나간다는 뜻도 있죠. 산개(散開)는 흩어져 펼친다는 말이에요. 흩어져 있는 별의 무리를 가리켜 산개성단이라고 하죠.

開 시작할 개

- 개국(開國 나라 국)
  나라를 시작하다
- 개교(開校 학교 교)
  학교를 시작하다
- 개강(開講 익힐 강)
  강의를 시작하다
- 개학(開學 배울 학)
  학기를 시작하다
- 개회(開會 모일 회)
  모임을 시작하다
- 속개(續 이을 속 開)
  이어서 다시 시작하다
- 재개(再 다시 재 開)
  다시 시작하다
- 개설(開 設 세울 설)
  새로 설치하여 시작하다
- 천지개벽(天 하늘 천 地 땅 지 開 闢 열 벽)
  하늘과 땅이 새로 열림, 온 세상이 놀랄 만큼 큰 사건이 벌어짐
- 개천절(開天 節 명절 절)
  하늘이 처음 열린 날, 우리 나라가 처음 세워진 날

開 펼칠 개

- 전개(展 펼 전 開)
  펼쳐 놓다, 펼쳐 나가다
- 산개(散 흩어질 산 開)
  흩어져 펼치다
- 산개성단
  (散開 星 별 성 團 무리 단)
  흩어져 있는 별 무리

우리나라에도 드디어 최초의 우주인이 탄생했어요. 우주☐☐의 새 시대가 열린 거예요. 빈칸에 들어갈 말은 무엇일까요? (　　　)

① 괴물　　　② 개발　　　③ 폭발　　　④ 미아

답은 ② 개발이죠. 개발(開發)은 개척하여 발전시킨다는 말이에요. 계속해서 빈칸을 채워 봐요.

경제를 더욱 발전하게 만드는 것은? 경제☐☐.

새로운 기술을 만들어 내는 것은? 기술 ☐☐.

이처럼 개(開)는 열고 시작한다는 뜻뿐만 아니라, 시작한 것을 더 발전시킨다는 뜻까지 가져요. 이것을 개척(開拓)이라고 하지요. 개간(開墾)은 땅을 '개척' 할 때 쓰는 말이에요. 거친 땅을 쓸모 있는 논밭으로 만드는 걸 말하죠.

개화(開化)는 새로운 문물과 사상을 받아들이는 거예요. 우리나라에서는 특히, 조선 말에 서구 문물이 들어오던 시기를 개화기라고 하죠. 이때 급속한 개화를 지지하던 사람들을 개화파라고 불러요.

미개(未開)는 개화가 되지 않아 문명 발전이 뒤처졌다는 말이에요. 문명 발전이 덜 된 사회는 미개사회, 문명 발전에 뒤처진 사람은 미개인이라 하죠.

하하. 왜 웃는지 다 알지요? 얽히고 막힌 일을 잘 처리하여 나아갈 길을 열고 개척하는 건 타개(打開)라고 하죠. 어떤 일을 타개할 방법이나 비책은 타개책이라고 해요.

| 開 | 개척할 개 |

■ 개발(開 發필 발)
개척하여 발전시키다

■ 경제개발(經다스릴 경 濟구제할 제 開發)
경제를 발전시키다

■ 기술 개발
(技재주 기 術재주 술 開發)
기술을 발전시키다

■ 개척(開 拓넓힐 척)
새로운 분야로 넓히다

■ 개간(開 墾밭갈 간)
땅을 개척하다

■ 개화(開 化될 화)
새로운 문물을 받아들이다

■ 개화기(開化 期시기 기)
개화하는 시기

■ 개화파(開化 派갈래 파)
개화를 주장한 사람들

■ 미개(未아닐 미 開)
개화가 되지 않은

■ 미개(未開)사회
개화하지 않은 사회

■ 미개인(未開 人사람 인)
개화하지 않은 사람

■ 타개(打칠 타 開)
해결의 길을 엶

■ 타개책(打開 策방법 책)
타개할 방법

1876년 2월 3일, 조선과 일본은 강화도에서 12개의 조항이 적힌 조약문에 도장을 찍었어요. 일본의 계략에 의한 불평등조약이었지만, 강화도조약으로 조선은 나라의 문을 열게 되었죠. 강화도조약 체결부터 1910년 일본의 식민지가 될 때까지를 개화기라고 합니다. 서구 문물을 받아들여 근대사회로 넘어가던 시기라는 뜻이에요.

둘 다 맞아요. 개화를 어떻게 하느냐에 따라 결과가 달라지겠죠. 하지만 조선은 미처 준비를 못한 채 개화기에 들어섰어요. 결국, 조선은 세계열강(列強)이 세력 다툼을 벌이는 곳이 되어 버렸죠. 그때에도 옆의 그림에서 보는 것과 비슷한 논쟁이 있었어요. 조선은 나라도 지키고 근대화도 이루어야 했는데, 이 두 과제를 놓고 사람들의 의견이 크게 갈렸죠.

개화파는 급속한 개화만이 나라를 발전시킨다고 믿는 사람들이었죠. 김옥균, 박영효, 서광범, 홍영식, 서재필 등의 개화파는 일본을 나라 발전의 모델로 삼았어요. 이에 비해 천천히 개화를 추진해야 한다고 주장한 사람들도 있었죠. 명성황후를 등에 업은 민영익 등이었는데, 개화파는 이들을 수구파라고 불렀답니다.

마침내 개화파들은 조정을 뒤엎는 정변을 일으켰어요. 1884년 갑신년에 일어난 정변(政變)이라서, 이를 갑신정변이라고 해요. 일본군을 끌어들인 개화파는 우정국 개국을 축하하는 파티를 틈타 난을 일으켰죠. 이들은 고종을 감금하고 개혁안을 발표했어요. 그러자 명성황후가 바로 청나라 군대를 불러들였고, 개화파는 도망가거나 잡혀서 처형을 당했어요. 갑신정변은 그렇게 3일 만에 실패로 끝났어요. 삼일천하라는 말이 그래서 생겨났지요.

1894년 갑오년에 일어난 갑오동학혁명을 빌미로 청과 일본은 조선에 군대를 보냈고, 같은 해 6월에 청일전쟁이 벌어졌어요. 이 전쟁에서 일본이 이겼고, 조선 안에서 일본의 힘이 더욱 커졌어요.

일본이 조선에서 청나라를 몰아내자, 명성황후는 러시아를 끌어들여 일본을 견제하려 했죠. 그러자 일본은 명성황후를 시해(弑害)했어요. 1895년 10월 8일 새벽, 칼을 든 일본 무사들이 경복궁에 마구 쳐들어와 조선의 왕비를 무참히 살해한 이 사건은 을미년에 일어난 변고라서, 을미사변이라고 부르죠.

러시아 공사관으로 대피한 고종은 1년 후에 궁으로 돌아와 자주 독립국으로서 대한제국을 선포하고 근대화에 힘썼지만, 1910년 대한제국은 마침내 일본에 병합되고 말았답니다.

낱말상자

- **열강**(列여러 열 強강한 강) 여러 강한 나라
- **수구파**(守지킬 수 舊옛 구 派갈래 파) 옛것을 지키자는 무리
- **정변**(政정사 정 變변할 변) 정치적인 큰 변고
- **삼일천하**(三석 삼 日날 일 天하늘 천 下아래 하) 삼 일 만에 정권이 끝남, 권세의 허무함을 빗대는 말
- **보국안민**(輔도울 보 國나라 국 安편안할 안 民백성 민) 나랏일을 돕고 백성을 편안하게 함
- **시해**(弑죽일 시 害해칠 해) 부모나 임금을 죽임

1 낱말과 낱말의 뜻을 바르게 연결하세요.

1) 문을 열고 사업을 새로 시작하다　●　　　　●　개복수술

2) 수술용 칼로 배를 갈라서 하는 수술　●　　　　●　전개

3) 3차원의 입체를 평면에 펼치다　●　　　　●　타개

4) 어려운 일을 잘 처리하여 나아갈 길을 열다　●　　　　●　개업

2 빈칸에 공통으로 들어갈 낱말은 무엇일까요? (　　　)

- 어제 □□강좌는 정말 유익했어.
- 개표 결과를 이제 □□하겠습니다.
- □□방송은 현장에 직접 가서 보는 거라 정말 재미있대.

① 개발　　　　② 개벽　　　　③ 전개　　　　④ 공개

3 빈칸에 알맞은 말을 보기에서 골라 문장을 완성하세요.

보기　　　　개방　개화　개간　타개

1) 이 난국을 어떻게 □□해야 한단 말인가!

2) 중국 경제는 □□ 이후에 눈부시게 성장하고 있어.

3) 황무지를 □□해서 옥토로 가꾼 사람들의 땀을 잊으면 안 돼.

4) □□기는 정말 격변의 시기였어. 김옥균은 □□파의 한 사람이었지.

4 밑줄 친 말의 뜻은 무엇일까요? (　　　)

정말 천지(天地)가 개벽(開闢)할 노릇이구먼.

① 지진이 나다　　　② 발전하다　　　③ 아주 큰일이 생기다　　　④ 울다

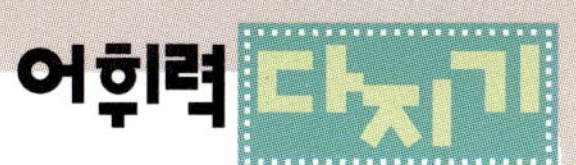

5 다음 중, 조선의 개화기에 벌어진 일이 <u>아닌</u> 것은? (　　　)

① 강화도조약　　　　　　　　② 갑신정변

③ 한국전쟁　　　　　　　　　④ 갑오동학혁명

6 각 낱말의 반대말을 보기에서 찾아 빈칸에 써넣으세요.

보기	개강　　개회　　개막　　개교

1) 폐회 ↔ ☐☐　　　　　　2) 종강 ↔ ☐☐

3) 폐막 ↔ ☐☐　　　　　　4) 폐교 ↔ ☐☐

7 십자말풀이를 완성해 봅시다.

가로 열쇠

1) 이어서 다시 시작하다. 비슷한 말은 '재개'

3) 3차원의 입체를 평면 위에 펼치는 것

5) 새로운 문물을 받아들임. ○○기, ○○파

6) 개업을 축하하는 행사

8) 하늘과 땅이 새로 열리다

세로 열쇠

2) 투표함을 열어 투표 결과를 확인하는 것

4) 개화가 덜 된 사회, 문명이 덜 발전한 사회

7) 하늘이 처음 열린 날, 10월 3일

9) 거친 땅을 쓸모 있는 논밭으로 만들다, 땅을 개척하다

하나밖에 없는 아들은 '홀로 독(獨)'을 써서 독자(獨子)라고 부릅니다. 그럼, 무남독녀(無男獨女)는 누구일까요? 네, 아들 없는 집안의 외동딸을 무남독녀라고 합니다.

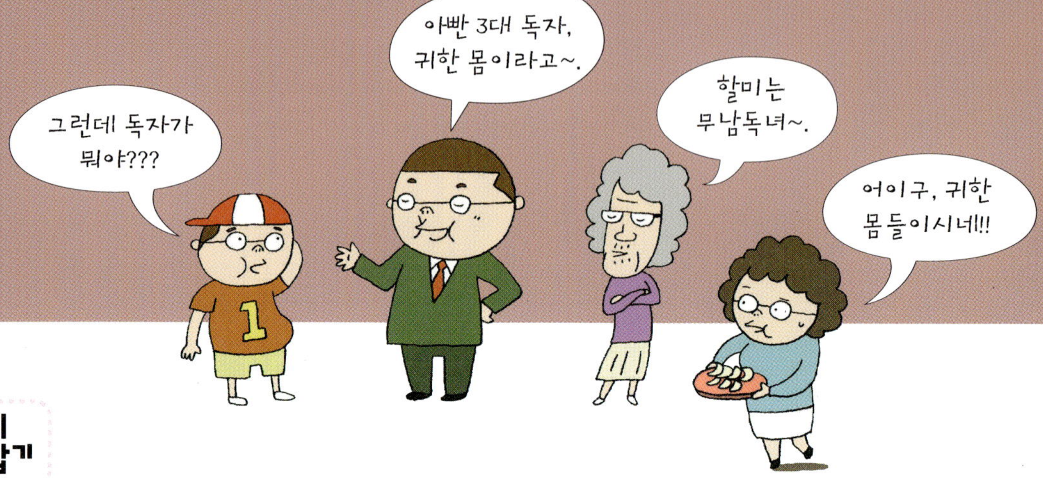

'독학생'이라는 말도 있죠. 스승 없이, 또는 학교에 다니지 않고 혼자서 공부하는 것은 독학(獨學), 독학을 하는 학생은 독학생이라고 합니다. 또, 독선생(獨先生)이라는 말도 있습니다. 한 집의 아이만을 맡아서 가르치는 선생님을 독선생이라고 하지요.

이렇게 독(獨)은 '혼자', '홀로 한다'를 뜻합니다. 독(獨)의 뜻을 생각하며 빈칸을 채워 볼까요?

혼자 쓰는 목욕탕은 ☐탕,

혼자 쓰는 방은 ☐방,

혼자 찍으면 ☐사진,

혼자 받은 밥상은 ☐상.

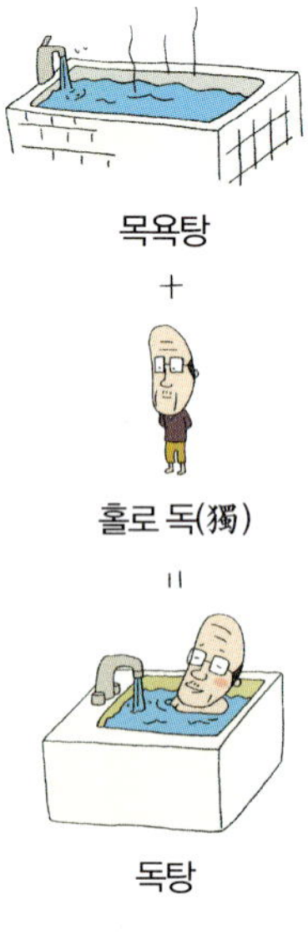

獨	홀로 독

- 독자(獨 子아들 자)
  하나밖에 없는 아들
- 무남독녀(無 없을 무 男 남자 남 獨 女 여자 녀)
  아들 없는 집안의 외동딸
- 독학(獨 學 배울 학)
  스승 없이 혼자 공부하는 것
- 독학생(獨 學 生 사람 생)
  스승 없이 혼자 공부하는 학생
- 독선생(獨 先 먼저 선 生)
  한 집 아이만을 가르치는 선생
- 독탕(獨 湯 목욕 탕)
  혼자 쓰는 목욕탕
- 독방(獨 房 방 방)
  혼자 쓰는 방
- 독사진(獨 寫 베낄 사 眞 참 진)
  혼자 찍은 사진
- 독상(獨 床 상 상)
  혼자 먹게 차려 낸 밥상

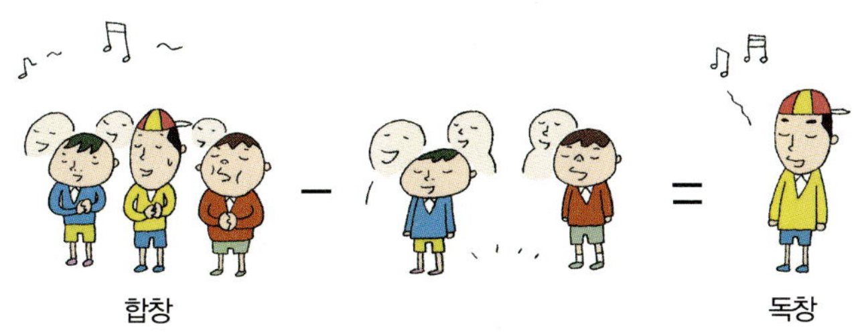

- 독창(獨 唱노래할 창)
  혼자 노래를 부르는 것
- 독주(獨 奏연주할 주)
  한 악기로 혼자 연주하는 것
- 독주곡(獨奏 曲악곡 곡)
  독주를 위해 지은 곡
- 독립(獨 立설 립)
  남에게 기대지 않고 홀로 섬
- 자주독립
  (自스스로 자 主주인 주 獨立)
  자기 힘만으로 독립하는 것
- 독립문(獨立 門문 문)
  1897년 독립협회가 우리나
  라의 영구 독립을 선언하기
  위해 상징적으로 세운 문
- 독립신문
  (獨立 新새 신 聞들을 문)
  1896년 창간된 최초의 민간
  신문
- 독립군(獨立 軍군대 군)
  나라의 독립을 위해 싸우는
  군대
- 독립국(獨立 國나라 국)
  독립한 나라

여럿이 함께 노래를 부르면 '합창'이고, 혼자 부르면 독창(獨唱)입니다. 악기 연주도 마찬가지입니다. 여러 사람이 여러 악기를 함께 연주하면 '합주'이고, 혼자 악기를 연주하면 독주(獨奏)인 것입니다. 독주를 위해 지은 곡은 그래서 독주곡이지요.

우리나라는 일본에 나라를 빼앗기고 온갖 간섭을 받았던 적이 있습니다. 이때 우리는 '자주독립'을 하기 위해 온 힘을 쏟았습니다. 남에게 기대지 않고 홀로 서는 것을 독립(獨立)이라고 하고, 자기 힘만으로 독립하는 것을 자주독립(自主獨立)이라고 합니다.

일본의 탄압이 강화되자 우리 민족은 독립문을 세우고, 독립신문을 펴내서 독립하려는 뜻을 다졌습니다. 또, 일제강점기에는 독립군을 만들어 일본과 싸우기도 했지요. 그러한 노력 끝에 1945년, 우리나라는 드디어 완전한 주권을 가지고 홀로 선 나라, 즉 독립국이 되었습니다.

독 獨 홀로, 혼자 힘으로

위 그림의 빈칸에 들어갈 가장 적당한 말은 무엇일까요? (　　　)

① 커플　　　　② 이혼　　　　③ 독신　　　　④ 부부

답은 ③ 독신이겠지요. 독신(獨身)은 형제자매나, 배우자가 없는 사람을 말합니다. 결혼하지 않고 혼자 사는 사람을 독신자, 독신으로 살겠다고 마음먹고 주장하는 것을 독신주의라고 합니다.

혼자 사는 것을 독거(獨居)라고 합니다. 혼자 사는 외로운 노인은 독거노인이라고 하고요. 독거노인은 아무도 없는 빈방을 지키고 있겠지요. 이를 독수공방(獨守空房)이라고 해요. 빈[空]방[房]을 홀로[獨] 지키고[守] 있다는 말이지요.

독수공방은 아내가 남편 없이 혼자 지내는 경우에 특히 많이 사용한답니다. 혼자 잔다[宿]고 해서, 독숙공방(獨宿空房)이라고도 하지요.

혼자여서 외롭고 쓸쓸한 것을 고독(孤獨)하다고 해요. 그리고 외롭고 쓸쓸한 느낌은 고독감이라고 하지요. 독(獨)은 이렇게 '외롭다' 라는 뜻도 있어요.

외롭다는 뜻을 가진 다른 한자로 고(孤)가 있습니다. 고아(孤兒)는 부모가 없는 외로운 아이를 말합니다. 고아는 이 세상에 도와주는 이 없이 혼자 서 있으니, 고립(孤立)되었다고 할 수 있죠. 이런 처지를 고립무원의 상태라고 합니다. 즉, 고립되어 아무 도움도 받지 못한다는 말이죠.

獨	외로울 **독**

■ 독신(獨 **身**몸 신)
형제자매나 배우자가 없는 사람

■ 독신자(獨 **身 者**사람 자)
배우자 없이 혼자 사는 사람

■ 독신주의
(獨 **身 主**주될 주 **義**뜻 의)
독신으로 살겠다고 마음먹고 주장하는 것

■ 독거(獨 **居**살 거)
혼자 살다

■ 독거노인
(獨 **居 老**늙을 노 **人**사람 인)
가족 없이 혼자 사는 노인

■ 독수공방
(獨 **守**지킬 수 **空**빌 공 **房**방 방)
빈방을 홀로 지키고 있다, 여자가 남편 없이 홀로 지내다
= 독숙공방
(獨 **宿**잘 숙 **空房**)

■ 고독(孤외로울 고 獨)
외롭고 쓸쓸함

■ 고독감(孤獨 **感**느낄 감)
외롭고 쓸쓸한 느낌

孤	외로울 **고**

■ 고아(孤 **兒**아이 아)
부모가 없는 외로운 아이

■ 고립(孤 **立**설 립)
외롭게 홀로 서 있음

■ 고립무원
(孤 **立 無**없을 무 **援**도울 원)
고립되어 아무 도움도 받을 수 없음

獨	독차지할 독

- 독(獨)차지
  혼자서 모두 차지하는 것
- 독점(獨 占 차지할 점)
  혼자 다 맡아서 혼자만 이익을 보는 것
- 독식(獨 食 먹을 식)
  이익을 혼자서 다 먹음
- 독단(獨 斷 판단할 단)
  의논하지 않고 혼자 판단함
- 독재(獨 裁 결정할 재)
  지배자 한 사람이 정치를 마음대로 하는 것
- 독재자(獨裁 者 사람 자)
  독재하는 사람

독(獨)차지는 혼자서 모두 차지하는 것을 말해요. 근방에 있는 소금을 한 사람이 사들이면 사람들은 소금을 구하지 못해 안달이 날 것입니다. 그때 소금 값을 비싸게 받고 팔면 사람들은 울며 겨자 먹기로 소금을 살 수밖에 없습니다.

이런 식의 장사를 독점(獨占)이라고 합니다. 독점으로 비싸게 매겨진 가격은 '독점가격'이라고 하지요. 또, 이렇게 경쟁 없이 혼자 이익을 보는 사업은 '독점사업'이라고 합니다. 이익을 혼자 다 먹는다 해서 독식(獨食)이라고도 하지요.

정치에서도 비슷한 일이 벌어집니다. 다른 사람과 의논하지 않고 혼자 판단해 결정하는 것을 독단(獨斷)이라고 하는데, 독단적인 사람이 큰 힘을 얻으면 독재자가 되기 쉽습니다.

독재(獨裁)는 지배자 한 사람이 마음대로 하는 정치를 가리키는 '독재정치'의 준말입니다. 권력을 자기 마음대로 휘둘러 국민들을 고통에 빠뜨리는 사람은 독재자라고 합니다.

獨	뛰어날 독

- 독보적
  (獨 步 걸을 보 的 ~할 적)
  홀로 뛰어난
- 독창적(獨 創 만들 창 的)
  창조하는 능력이 남보다 뛰어난

독(獨)은 긍정적 의미로도 사용된답니다. 어떤 분야에서 남이 따를 수 없을 만큼 홀로 뛰어난 것을 독보적(獨步的)이라고 하지요. 또, 창조하는 능력이 남보다 뛰어난 것은 독창적(獨創的)이라고 하고요.

1905년 을사조약으로 일제에 나라의 주권을 빼앗길 위기를 맞이하자, 우리 민족은 일제로부터 독립하기 위한 운동을 펼쳐 나가기 시작했습니다. 이를 독립운동(獨立運動)이라고 하지요.

독립운동은 여러 가지 모습으로 전개됩니다. 먼저, 많은 사람들이 의병운동(義兵運動)을 일으켰습니다. 의병은 옳은 뜻을 위해 백성들이 스스로 만든 군대를 말합니다.

1907년에는 국민들이 스스로 돈이나 물건을 내어 일본에게 진 나라 빚을 갚자는 국채보상운동이 일어났습니다. 또, 1920년대에는 우리 민족이 만든 물건을 팔아 주자는 물산장려운동도 일어났습니다. 나라의 주권을 찾기 위해 순국하는 '의사' 들도 늘어났습니다. 의사(義士)는 나라와 민족을 위해 목숨을 바치는 사람을 말합니다.

안중근 의사

1918년, 민족자결주의가 주창되었습니다. 민족자결주의는 모든 민족의 일은 그 민족이 스스로 결정해야 한다는 주장입니다. 민족자결주의에 용기를 얻은 우리는 목숨을 걸고 '대한 독립 만세' 를 외쳤습니다. 3·1운동이 일어난 것입니다. 그리고 같은 해에, 빼앗긴 우리 정부를 대신할 임시정부(臨時政府)가 세워져 독립운동의 중심 노릇을 하였습니다.

이후 만주와 연해주에서 독립군이 조직됩니다. 독립군은 일본군에 맞서 무장투쟁(武裝鬪爭)을 벌였습니다. 무장투쟁은 무기를 가지고 직접 전투를 벌이는 것을 말합니다. 일제 말기로 갈수록 민족에 대한 탄압은 더욱 심해졌습니다. 탄압(彈壓)은 무력 따위로 억누르는 것을 말합니다.

탄압이 심해질수록 독립 정신, 즉 독립하려는 마음과 뜻은 더욱 강해져 갔습니다. 일본은 우리말을 못 쓰게 하여 우리 문화를 말살하려 했습니다. 말살(抹殺)은 있는 것을 뭉개어 없애 버리는 것을 말합니다. 하지만, 그럴수록 우리 민족은 우리 문화를 지키기 위해 노력했습니다. 주시경 선생은 여러 강습소를 찾아다니면서 한글을 가르치는 데에 힘썼으며, 국어 연구에 자신의 일생을 바쳤습니다.

신채호 선생의 역사 연구는 우리 민족이 주인 정신과 독립 정신을 잃지 않고 일제에 항거하는 데에 큰 힘이 되었습니다. 주인 정신(主人精神)은 우리가 나라의 주인임을 잊지 않는 정신을 말합니다. 또, 항거는 순종하지 않고 맞서 싸우는 것을 말합니다.

꺾어도 꺾이지 않는 독립을 향한 열망은 1945년 광복으로 마침내 결실을 보았습니다. 광복(光復)은 빛을 되찾는 것, 즉 잃었던 나라를 다시 찾는 것입니다. 나라를 잃고 캄캄한 어둠 속에서 살아가다가 다시 밝은 빛을 보게 되었다는 말이지요.

광복의 날, 환호하는 시민들

낱말상자

- **독립운동**(獨홀로 독 立설 립 運움직일 운 動움직일 동) 독립을 위한 운동
- **의병운동**(義옳을 의 兵병사 병 運動) 옳은 뜻을 위해 자발적으로 병사를 일으키는 운동
- **의사**(義옳을 의 士선비 사) 의로운 선비. 나라와 민족을 위해 목숨을 바친 사람
- **민족자결주의**(民백성 민 族겨레 족 自스스로 자 決판단할 결 主주될 주 義뜻 의) 민족의 일은 그 민족 스스로가 결정해야 한다는 주장
- **임시정부**(臨임할 임 時때 시 政정사 정 府관청 부) 임시로 정사를 보던 장소나 조직

- **무장투쟁**(武무기 무 裝꾸밀 장 鬪싸울 투 爭다툴 쟁) 무기를 가지고 투쟁을 벌임
- **탄압**(彈때릴 탄 壓누를 압) 무력의 힘으로 억누름
- **말살**(抹뭉갤 말 殺죽일 살) 뭉개어 없애 버림
- **항거**(抗막을 항 拒막을 거) 맞서서 반항함
- **주인 정신**(主주인 주 人사람 인 精정기 정 神정신 신) 주인으로 살아가려는 정신
- **광복**(光빛 광 復회복할 복) 빛을 다시 찾음, 잃었던 나라를 되찾음

1 빈칸에 알맞은 말을 보기에서 골라 문장을 완성하세요.

> 보기   독방   독재   독주   독점

1) 그는 나라를 손아귀에 쥐고 ☐☐ 정치를 했다.

2) 그 곡은 바이올린 ☐☐을(를) 위해 지은 곡이다.

3) 그 죄수는 소란을 일으킨 죄로 ☐☐에 갇히게 되었다.

4) 소금을 ☐☐해서 이익을 남기는 행동은 비도덕적이다.

2 다음 중, 아래 문장의 밑줄 친 낱말과 가장 거리가 <u>먼</u> 것은? (　　　)

> 이 일은 우리 모두가 노력한 결과야. 너 혼자 <u>독식하려</u> 하다니 말도 안 돼.

① 독점하다   ② 독차지하다

③ 독창적이다   ④ 혼자 이익을 다 가지다

3 괄호 안에 들어갈 말을 보기에서 찾아 써넣으세요.

> 보기   독학생   독탕   독사진   독자

1) 혼자 찍은 사진   (　　　　　)

2) 혼자 쓰는 목욕탕   (　　　　　)

3) 하나밖에 없는 아들   (　　　　　)

4) 스승 없이 혼자 공부하는 학생   (　　　　　)

4 오른쪽 그림에서 보는 것과 같은 사람을 무엇이라고 부를까요? (　　　)

① 독학생   ② 독선생

③ 독재자   ④ 독거노인

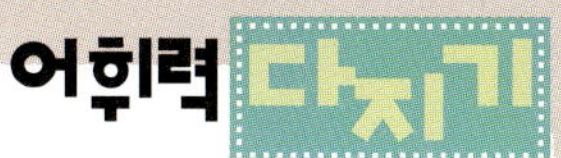

5 밑줄 친 '독' 가운데 나머지 셋과 뜻이 <u>다른</u> 하나는? (　　　)

① <u>독</u>탕　　　　② <u>독</u>사진　　　　③ <u>독</u>서왕　　　　④ <u>독</u>주곡

6 밑줄 친 '독' 가운데 나머지와 뜻이 <u>다른</u> 하나는? (　　　)

① 방<u>독</u>　　　　② 파<u>독</u>　　　　③ <u>독</u>일　　　　④ 중<u>독</u>

7 다음 중, 짝 지어진 낱말들의 관계가 나머지와 <u>다른</u> 것은? (　　　)

① 합창 － 독창　　② 연주곡 － 합주곡　　③ 합주 － 독주　　④ 단체 사진 － 독사진

8 다음 중, 밑줄 친 낱말의 쓰임이 <u>어색한</u> 문장은? (　　　)

① <u>의사(義士)</u> 선생님께 진료를 받았습니다.

② <u>광복(光復)</u>은 잃었던 나라를 되찾는 것입니다.

③ 그들은 목숨을 걸고 일제에 <u>항거(抗拒)</u>했습니다.

④ 우리 문화를 <u>말살(抹殺)</u>하려는 일제의 정책은 실패했습니다.

9 화살표를 따라가며 글자를 모아 낱말을 만드세요. (　□□□□　) (　→ 예　　→ 아니오)

청소 당번 좀 바꿔 줘~

기본어휘 잡기

위 그림의 빈칸 (1)과 (2)에 들어갈 낱말은? (　　　)

① 당번 – 정숙　② 당번 – 당연　③ 당연 – 당번　④ 담당 – 당근

답은 ②입니다. 당번(當番)은 마땅히 해야 할 순서란 뜻이고, 당연(當然)은 마땅히 그러하다는 말이에요.

'당(當)'은 원래 '이 밭과 저 밭이 딱 들어맞는다' 라는 말이에요. 이것과 저것, 생각과 실제가 맞아떨어지는 것이지요. 그래서 당(當)은 '마땅하다', '합당하다' 라는 뜻을 나타내요.

친구 사귀는 것을 다른 친구들에게는 비밀로 하고 싶은 때가 있지요? 당부(當付)는 마땅히 무엇을 해 달라고 부탁한다는 말이에요.

당혹(當惑)은 갑작스러운 일을 당하여 마음이 어지럽다는 말이에요. 이때 당(當)은 '당하다' 란 뜻이죠.

當	마땅할 당

■ 당번(當 番차례 번)
어떤 일을 마땅히 책임질 차례가 됨 또는 그런 사람

■ 당연(當 然그러할 연)
마땅히 그러하다

■ 당부(當 付부탁할 부)
마땅히 무엇을 해 달라고 부탁함

當	당할 당

■ 당혹(當 惑어지러울 혹)
갑작스러운 일을 당해 마음이 어지러움

감당

감당(堪맡을 감 當당할 당)은 일 따위를 맡아서 당해 내는 것을 말해요. 어떤 일을 맡아서 할 수 있다는 뜻이지요.

'정당'의 뜻은? (　　　)

① 바르고 마땅함

② 산만하고 부주의함

③ 부족함

④ 영리하고 똘똘함

답은 ①번. 정당(正當)한 권리는 마땅히 누릴 만한 권리를 말하죠.

그림의 빈칸에 알맞은 낱말은? (　　　)

① 충당　　② 합당

③ 감당　　④ 타당

답은 ①번 충당. 충당(充當)은 알맞게 채워 넣는다는 말이에요. 모자라는 사람이나 돈, 자원 따위를 꼭 필요한 만큼 채워 넣을 때 쓰는 말이지요.

그럼, 타당(妥當)은 무슨 말일까요? '타'는 온당하다, '당'은 마땅하다, 둘 다 '옳다'라는 뜻을 가지고 있어요. 그러니까 '타당'은 무엇이 맞다, 옳다는 말이에요. '누구누구의 의견이 타당하다', '그 사람의 논리가 타당하다'와 같이 쓸 수 있답니다.

가당(可當)도 그렇답니다. '가당하다'는 사리에 맞다, 옳다는 말이에요. 반대로, 도무지 사리에 맞지 않는 것은 가당찮다라고 합니다.

當	마땅할 맞을　당

- 정당(正바를 정 當)
  바르고 마땅함
- 충당(充채울 충 當)
  모자라는 것을 알맞게 채워 넣음
- 타당(妥온당할 타 當)
  마땅함, 옳음
- 가당(可가히 가 當)
  마땅히 사리에 맞음
- 가당(可當)찮다
  가당하지 않음, 사리에 맞지 않음

당백전

조선 말에 흥선대원군이 경복궁을 다시 짓기 위해 만든 화폐. 상평통보의 100배의 가치를 마땅히 지닌다는 뜻에서 당백전(當 百일백 백 錢돈 전)이라고 했지요.

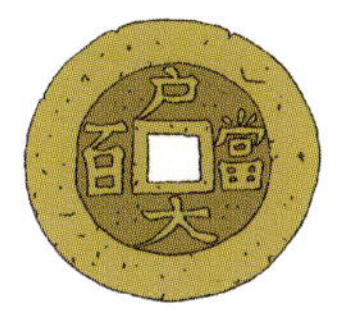

당백전

당 | 當　마땅하다, 맞다

당(當)은 마땅하고 합당하다는 말이죠? 그런데 어떤 일이건 합당하고 마땅하면, 하는 일마다 알맞고 적당하겠죠. 어긋난 데 없이 딱 들어맞을 테고요. 그래서 당(當)에는 '알맞다', '들어맞다' 란 뜻도 있어요.

음식의 양이 알맞으면 '적당히' 먹었다고 하지요. 알맞은 양은 '적당량' 이라고 하고요. 이렇게 적당(適當)이란 정도에 맞는 것, 적당량은 쓰임에 알맞은 양을 가리켜요.

반마다 그 반을 '담당' 하는 선생님들이 있지요? 정부 안에는 교육을 담당하는 부서와 '담당자' 들이 있고요. 담당(擔當)이란 어떤 일을 맡기에 알맞다는 말이고, 담당자는 그래서 그 일을 맡아서 하는 사람을 가리키는 말이에요.

철수는 반장에 자신이 없나 봐요. 친구들은 철수가 반장에 '당선' 될 자격이 충분하다고 믿고 있는데 말이죠. 당선(當選)이란 알맞게 뽑히는 것을 말하죠. 당선된 사람은 당선자고요. 당첨(當籤)이란 제비뽑기에서 들어맞는 것을 말해요.

當	알맞을 **당**

- 적**당**(適맞을 적 當)
  정도에 알맞음
- 적**당**량(適當 量양 량)
  쓰임에 알맞은 양
- 담**당**(擔맡을 담 當)
  어떤 일을 맡기에 알맞음
- 담**당**자(擔當 者사람 자)
  담당하는 사람
- **당**선(當 選뽑을 선)
  알맞게 뽑힘
- **당**선자(當選 者)
  알맞게 뽑힌 사람
- **당**첨(當 籤제비 첨)
  제비뽑기에서 들어맞음

해당

해당(該그 해 當)은 바로 그것에 딱 들어맞는다는 말이에요. 1, 2, 3 가운데 짝수에 '해당' 하는 수는 2이지요.

'당장' 은 어떤 뜻일까요? (　　　)

① 바로 그 자리에서 곧

② 당연한 일

③ 오해로 인한 갈등

④ 애를 씀

當	바로 그 당

- 당장(當 場 장소 장)
바로 그 자리에서 곧
- 당시(當 時 때 시)
바로 그때
- 당일(當 日 날 일)
바로 그날
- 당일(當 日)치기
일이 있는 바로 그날 하루에
서둘러 해 버림
- 당대(當 代 시대 대)
바로 그 시대

답은 ①번입니다. 마땅하면 알맞고, 알맞으면…… 어떤가요? 딱 알맞으니, 찾거나 기다리던 '바로 그것' 이겠지요? 그래서 당(當)에는 '바로 그' 라는 뜻도 있답니다.

당시(當時)는 일이 있었던 '바로 그때' 라는 뜻이에요. 할아버지가 부자였던 때를 회상하고 있어요. 당일(當日)은 '바로 그날' 이에요.

여러분, 당일치기 잘 알지요? 숙제나 시험 공부를 당일치기로 하는 것. 히히, 다들 많이 해 봤을 거예요. 당일치기는 일이 있는 바로 그날 하루에 서둘러 해 버리는 거예요.

당대는 일이 있었던 '바로 그 시대' 란 뜻이에요. 우리나라 최초의 세계지도를 보면 우리나라가 실제보다 몇 배 더 크게 그려져 있어요. 이럴 때, '지도에 당대의 세계관이 드러나 있다' 라고 말하죠.

당신

대화하는 자리에 안 계신 어른을 높여 부르는 말로 당신(當 身 몸 신)이 있어요. '바로 그분' 이라는 말이지요. 그런데 눈앞에 있는 상대방을 가리켜 '당신' 이라고 하면 요즘에는 낮춤말로 여기니까 조심해서 써야 해요.

당년

일이 있는 바로 그해는 당년(當 年 해 년)이라고 해요. '올해' 를 가리키는 말로도 쓰이지요.

5명이 사과 10개를 나눠 먹으려면 어떻게 해야 하나요? 한 사람 '당' 2개씩 먹으면 되지요? 이렇듯 당(當)에는 '~마다' 라는 뜻도 있답니다. 예) 1인당, 2분당, 3초당, 마을당, ……

1 대화의 빈칸에 알맞은 낱말을 보기에서 찾아 쓰세요.

보기 | 감당 당번 당연 당부 정당 충당

1) : 내가 이번 주 청소 ☐☐인데, 다음 주에 하는 사람 나랑 바꾸자~.

: 왜? 이번 주에 화장실 청소까지 해야 하니까 그러는 거지!
자꾸 머리 쓰지 말고 ☐☐하게 행동하라고!

2) : 이 옷은 내가 소풍 때 입고 가려고 아껴 둔 거란 말이야.

: 말이 되냐? 내가 고모한테서 받은 생일 선물인데, 내가 입는 게 ☐☐하잖아.

3) : 엄마 나갔다 올 동안 제발 집 어지르지 말고 놀아. 동생 밥도 챙겨 주고.
엄마가 ☐☐하는 것들, 잊지 마세요~.

: 쟤는 동생이지만, 정말 제가 ☐☐ 못 해요. 힘이 장사예요!!!

4) : 어떻게든 모자란 돈을 ☐☐해서 어린이 축구 교실에 갈 거야.

: 넌 정말 축구를 좋아하는구나. 박지성 같은 축구 선수가 될 거야.

2 낱말과 낱말의 뜻을 바르게 연결하세요.

1) 딱 들어맞음 •　　　　　• 당선

2) 어떤 일을 맡기에 알맞음 •　　• 담당

3) 알맞게 뽑힘 •　　　　　• 해당

4) 일이 있었던 바로 그때 •　　• 당시

3 밑줄 친 '당' 가운데, '알맞다, 들어맞다' 라는 뜻으로 쓰이지 <u>않은</u> 것은? (　　)

① 당선　　　　② 적당　　　　③ 당첨　　　　④ 당분

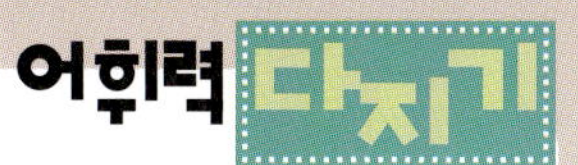

4 다음 설명 중, 바르지 <u>않은</u> 것을 고르세요. (　　　)

① '충당'은 넘쳐서 버린다는 말이다.

② '타당'은 온당하고 마땅하다는 말이다.

③ '당번'은 마땅히 해야 할 순서를 말한다.

④ '당혹'은 갑작스러운 일에 당황한다는 말이다.

5 밑줄 친 '당(當)' 가운데 나머지와 뜻이 <u>다른</u> 것은? (　　　)

① 당연　　　　　② 정당　　　　　③ 서당　　　　　④ 가당

6 십자말풀이를 완성해 보세요.

가로 열쇠

1) 일이 있었던 바로 그때

2) 조선 말에 흥선대원군이 만든 화폐, 상평통보의 100배의 가치를 지닌다고 해서 붙은 이름

4) 쓰임에 알맞은 양

5) 일이 있었던 바로 그 시대

6) 제비뽑기에서 들어맞음. 복권 ○○

세로 열쇠

1) 마땅히 무엇을 해 달라고 부탁함. 일찍 들어오라고 ○○하다

2) 그 자리에 없는 어른을 높여 부르는 말

3) 온당하고 마땅함

4) 정도에 알맞음. 소금을 ○○히 넣다

5) 일이 있었던 바로 그해, 또는 올해

6) 바로 그날

정답과 해설 15쪽

가로 열쇠

1) 우레 소리에 맞춰 함께 화답함, 줏대 없이 남이 하는 대로 따라 함 (▶ 77쪽)

3) 서양 세력과 화해하지 않겠다는 뜻을 담아 세운 비석 (▶ 80쪽)

5) 문명에 뒤처진 사람 (▶ 87쪽)

6) 여러 음이 서로 조화를 이룸 (▶ 78쪽)

7) 다른 사람과 의논하지 않고 혼자 판단함 (▶ 95쪽)

8) 마땅히 해야 할 순서. 청소 ○○ (▶ 100쪽)

9) 평화롭게 함께 지냄 (▶ 79쪽)

10) 어떤 일을 맡은 사람 (▶ 102쪽)

12) 길을 열어 통하게 하다. 도로 ○○ (▶ 85쪽)

13) 공공의 이익을 위해 모두가 화합하여 다스려 가는 정치. 반대말은 군주정치 (▶ 78쪽)

15) 혼자 살다. ○○노인 (▶ 94쪽)

16) 나라를 시작하다 (▶ 86쪽)

세로 열쇠

1) 조화롭지 않음 (▶ 78쪽)

2) 흩어져 있는 별의 무리 (▶ 86쪽)

4) 화목한 기운이 피어오름. ○○○○한 분위기 (▶ 77쪽)

7) 아내가 남편 없이 홀로 지내는 것 (▶ 94쪽)

8) 상평통보의 100배의 가치를 마땅히 지니는 돈, 조선 말에 흥선대원군이 만든 화폐 (▶ 101쪽)

9) 분단된 나라가 평화적으로 하나의 나라가 되는 것 (▶ 79쪽)

11) 그날 하루에 서둘러 해 버림 (▶ 103쪽)

13) 공화정치가 이루어지는 나라 (▶ 78쪽)

14) 독일로 파견하다 (▶ 95쪽)

光 빛 광

빛을 이용하는 광선무기

기본어휘 잡기

위 그림의 빈칸에 들어갈 말은 '광선'이에요. 광선(光線)은 '빛줄기'를 뜻해요. 태양에서 오는 여러 가지 에너지 가운데 우리가 가장 쉽게 알 수 있는 것이 바로 빛줄기인 광선이에요. 공상과학영화를 보면 광선을 쓰는 무기가 종종 등장하죠. 이런 무기를 광선무기라고 불러요.

가시광선이라는 말, 들어 보았나요? 가시처럼 가는 광선이냐고요? 하하, 아니에요. 사람 눈에 보이는 빛줄기라는 말이에요. 태양에서 오는 빛 가운데 우리 눈으로 볼 수 있는 부분을 가시광선이라고 하지요. 우리가 물건을 볼 수 있는 것도 다 빛이 있기 때문이에요.

세상에서 가장 빠른 것은 무엇일까요? (　　　)

① 빛　　② 올림픽 100m 금메달리스트　　③ 로켓　　④ 슈퍼맨

답은 ① 빛이에요. 세상에서 빛보다 빠른 것은 없답니다. 빛의 속도를 광속(光速)이라고 해요.

우주에 있는 별들은 아주 멀리 떨어져 있어요. km 같은 단위로는 나타내기가 어렵지요. 그래서 광년(光年)이라는 단위를 써

光	빛 광

- 광선(光 線줄 선)
  빛줄기
- 광선무기
  (光線 武 군셀 무 器도구 기)
  광선을 쓰는 무기
- 가시광선
  (可가능할 가 視볼 시 光線)
  눈으로 볼 수 있는 빛
- 광속(光 速빠를 속)
  빛의 속도

요. 1광년은 빛이 1년 동안 나아가는 거리를 말해요. 1초 동안 지구를 7바퀴 반이나 도는 빛이 몇 년씩 가야 할 만큼 별과 별 사이는 멀리 떨어져 있답니다.

밤하늘의 별은 어두울수록 더 잘 보이지요. 이처럼 스스로 빛을 내는 물체를 광원(光源)이라 불러요. 스스로 빛나는 별이나 태양이 바로 광원이지요.

왼쪽 빈칸에 들어갈 말은? (　　　)

① 명품　　　　② 야광

③ 역광　　　　④ 영광

네, 답은 ② 야광(夜光)이에요. 야광은 어두운 곳에서도 빛을 내는 것을 말해요. 야광 시계는 시계 바늘과 숫자에 특수한 물질을 써서 어두운 곳에서도 시간을 알려 주지요.

방이나 교실 천장에 많이 매달려 있는 등은 무엇일까요? (　　　)

① 학교종　　　② 형광등　　　③ 외등　　　④ 가스등

정답은 ② 형광등이에요. 형광등은 형광물질을 바른 유리관에 전자 빔을 쏘아 빛을 내게 하는 등을 말해요.

음식물 포장지에 '직사광선'을 피해 보관하라고 씌어 있는 것을 본 적이 있지요? 직사광선이란 정면으로 곧게 비추는 빛줄기를 말해요.

빛은 정보를 전달해 주기도 해요. 광섬유는 빛을 전달하는 가느다란 유리섬유를 말해요. 빛처럼 빠르게 정보를 전해 주지요.

이처럼 빛과 관계있는 여러 현상들을 연구하는 학문을 광학이라고 해요. 광학에는 현미경, 망원경 같은 도구들이 쓰이지요.

光	빛광

- 광년(光 年해 년)
  빛이 1년 동안 간 거리
- 광원(光 源근원 원)
  스스로 빛을 내는 물체
- 야광(夜밤 야 光)
  어둠 속에서 빛을 냄
- 야광 시계
  (夜光 時때 시 計잴 계)
  밤에 빛을 내는 시계
- 형광(螢반딧불 형 光)
  반딧불, 또는 어떤 물체가 전자 빔 따위를 받았을 때 내는 고유한 빛
- 형광등(螢光 燈등 등)
  형광물질을 이용해 빛을 내는 등
- 직사광선
  (直곧을 직 射쏠사 光線)
  정면으로 곧게 비추는 빛줄기
- 광섬유
  (光 纖가늘 섬 維밧줄 유)
  빛을 전달하는 유리섬유
- 광학(光 學학문 학)
  빛과 관계있는 여러 현상들을 연구하는 학문

역광 (逆거스를 역 光)은 사진을 찍을 때 물체의 뒤에서 직접 카메라로 들어오는 빛이에요. 찍으려는 물체의 상이 흐려지므로 역광은 피하는 게 좋아요.

광 光	빛

영광(榮光)은 어떤 때 쓰는 말일까요? 영광은 '빛나는 명예'를 가리키는 말이에요. 금메달을 따거나 상을 타는 것처럼 남이 하기 힘든 일을 해 냈을 때 쓰면 좋겠지요. 비슷한 말로 '각광(脚光)을 받다'가 있어요. 사회적 관심을 끈다는 뜻이에요.

광경(光景)은 눈앞에서 펼쳐진 일의 모습 또는 경치를 뜻하지요. 낱말의 뜻을 생각하면서 빈칸을 채워 볼까요? 슬픈 □□, 우스운 □□.

'서광(曙光)이 비치다'라는 말도 있어요. 밤이 끝나고 새벽빛이 드는 것처럼 좋은 일이 생길 희망이 보인다는 뜻으로 쓰는 말이지요.

다음 중, '광택'이 나지 <u>않는</u> 것은 무엇일까요? (   )

① 구두   ② 가구   ③ 보석   ④ 신문지

광택(光澤)은 빛이 반사되어 물체 표면이 반짝이는 것을 말해요. 신문지는 빛을 잘 반사하지 않지요. 광택나는 종이는 따로 광택지라 해요.

빛은 여러 가지 색으로 빛나지요. 파란색으로 빛나면 청광(靑光), 빨간색으로 빛나면 적광(赤光)이에요. 극광(極光)은 남극이나 북극지방에서 녹색 커튼처럼 빛나는 오로라를 가리켜요.

光	빛날 광

- 영광(榮 영예 영 光)
  빛나는 명예
- 각광(脚 다리 각 光)
  사회적 관심이나 주목

본래 '각광'은 무대의 앞쪽 아래에서 배우를 비추는 빛이에요. 그 위치에서 조명을 받으면, 당연히 사람들의 주목을 끌겠죠?

- 광경(光 景 경치 경)
  눈앞에 펼쳐진 모습 또는 경치
- 서광(曙 새벽 서 光)
  동이 틀 무렵의 빛, 또는 희망이 보일 징조
- 광택(光 澤 윤기 택)
  빛이 반사되어 물체 표면이 반짝이는 것
- 광택지(光澤 紙 종이 지)
  광택이 나는 종이
  = 유광지(有 있을 유 光 紙)
- 청광(靑 푸를 청 光)
  푸른빛
- 적광(赤 붉을 적 光)
  붉은빛
- 극광(極 끝 극 光)
  양극지방 하늘이 밝게 빛나는 현상, 오로라

빈칸에 알맞은 말은 무엇일까요? (　　)

① 관광지　　② 수원시

③ 놀이터　　④ 수영장

답은 ① 관광지예요. 수원 화성은 세계 문화유산으로 유명한 관광지이지요. 관광(觀光)은 볼거리가 있는 곳에 가서 풍경이나 문물을 보고 즐기는 것을 말해요. 관광지는 다른 곳에서 온 관광객들로 항상 붐벼요. 이럴 때 광(光)은 '풍경'을 말하지요.

다음 중, 우리나라가 일제 식민지에서 벗어난 날을 가리키는 말은 무엇일까요? (　　)

① 광복절　　② 제헌절　　③ 삼일절　　④ 개천절

정답을 모르는 친구들은 없겠지요? 답은 광복절이에요. 광복(光復)이란 일제강점기의 어두움에서 벗어나 다시 빛을 찾았다는 말이에요. 나라를 소중한 빛에 빗댄 말이죠. 그러면 광복군은 누구일까요? 네, 조국 광복을 위해 싸운 군대예요.

光	풍경 **광**

- 관광(觀볼 관 光)
  볼거리가 있는 곳에 가서 풍경이나 문물을 보며 즐김
- 관광지(觀光 地땅 지)
  관광할 거리가 있는 곳
- 관광객(觀光 客손님 객)
  관광하러 다니는 사람

光	빛 **광**

- 광복(光 復회복할 복)
  빛을 되찾음, 빼앗긴 나라를 다시 찾음
- 광복군(光復 軍군사 군)
  광복을 위해 싸운 군대
- 광주(光 州고을 주)
- 광양(光 陽볕 양)
- 광명(光 明밝을 명)

경기도에도 광주(廣넓을 광 州)가 있어요. 전라남도 광주(光州)와 헷갈리지 마세요.

빛 광(光)은 도시 이름에도 많이 쓰이죠. 전라남도 광주는 한자 풀이 그대로 종종 '빛고을'이라 불려요. 전라남도 광양은 이름처럼 햇볕이 잘 드는 양지바른 곳이에요. 경기도에는 밝게 빛난다는 뜻의 광명시가 있어요.

저런~ 정원이가 과학 시간에 배운 광합성을 잘못 이해했나 보네요. 식물이 살아 있어야 광합성을 하겠지요. 광합성(光合成)은 초록색 잎이 달린 녹색식물이 햇빛과, 뿌리에서 받아들인 물과, 잎의 숨구멍으로 들이마신 이산화탄소로 탄수화물을 만들어 내는 과정을 말해요. 사람은 산소를 들이마시고 이산화탄소를 내뿜지요. 녹색식물은 사람이 내뿜는 이산화탄소를 광합성에 쓰고 산소를 대신 내보내요. 그래서 우리가 맑은 공기를 마시며 살아갈 수 있답니다.

식물이 없어도 고기를 먹으면 된다고요? 과연 그럴까요? 동물은 식물이나 다른 동물을 먹고 살기 때문에, 광합성을 하는 녹색식물이 없다면 지구 상에 어떤 동물도 살아남을 수 없어요. 사람도 마찬가지예요.

다음 중, 광합성을 할 때 필요 <u>없는</u> 것은 무엇일까요? (　　　)

① 빛　　　　② 이산화탄소　　　　③ 전기　　　　④ 온도

정답은 ③ 전기지요. 광합성을 할 때에는 빛과 적당한 양의 이산화탄소, 30~35℃의 온도가 필요해요. 광합성을 하는 녹색식물의 잎을 잘라 현미경으로 보면 세포 속에 초록색 알갱이가 보여요. 이 알갱이를 엽록체라 불러요. 바로 이 엽록체(葉綠體)에서 빛 에너지와 흙 속의 물과 공기 중의 이산화탄소를 섞어서 탄수화물을 만들어 내지요. 그래서 식물을 '생산자' 라고 부른답니다.

낱말상자

- **광합성**(光빛 광 合합할 합 成이룰 성) 빛을 이용해 탄수화물을 만들어 내는 것
- **엽록체**(葉잎 엽 綠초록 록 體물건 체) 잎의 세포 안에 있는 초록색을 띤 물체

빼앗긴 나라를 도로 찾은 '광복절'은 오래도록 기억해야 할 역사적인 날이에요. 광복(光復)이란 빛을 되찾는다는 말이에요. 일제강점기가 우리 민족에는 어둡고 캄캄한 암흑기였기 때문에, 빛 광(光) 사를 써서 나라를 되찾은 기쁨을 나타낸 것이죠.

다음 중, 일제강점기와 <u>관계없는</u> 말은 무엇일까요? (   )

① 징용   ② 일본군 위안부   ③ 학도병   ④ 육이오

그래요. 답은 ④ 육이오지요. 일제는 조선 사람들을 강제로 끌어다 여러 고통스러운 일을 시켰어요. 이런 상황에서 벗어나기 위해 많은 사람들이 목숨을 바쳐 일제에 맞섰답니다. 광복은 그냥 이루어진 게 아니랍니다. 수많은 독립투사들이 나라와 민족을 위해서 피를 흘렸기 때문에 가능했어요. 독립투사들은 광복군에 들어가서 일본군과 싸우기도 했지요.

독립기념관은 그 뼈아픈 역사를 기억하고 나라를 위해 목숨을 바친 애국지사들을 기리자는 뜻으로 만들었지요.

독립기념관

그렇다면 일제강점기에 자기만 잘살고자 나라를 배신한 사람들을 무엇이라 부를까요? (   )

① 애국자   ② 매국노   ③ 기쁨조   ④ 해당화

낱말상자

- 광복(光 復다시 복) 빛을 다시 찾다, 빼앗긴 나라를 되찾다
- 매국노(賣 팔 매 國 나라 국 奴 놈 노) 나라를 팔아 먹은 사람을 낮추어 부르는 말

그래요. ② 매국노(賣國奴)가 바로 나라를 팔아 자기 이익을 챙기는 사람을 가리키는 말이에요.

1 아래 뉴스 기사의 빈칸에 알맞은 말은 무엇일까요? (   )

> 2004년 아테네 올림픽 핸드볼 국가 대표들의 훈훈한 이야기가 여러 사람에게 감동을 주고 있습니다. 2000년 바르셀로나에서 금메달을 딴 여자 핸드볼 팀은 어려운 환경을 극복하고, 2004년에도 올림픽에서 은메달을 따냈습니다. 선수들은 이 □□을 가족에게 돌린다고 말했습니다.

① 서광　　　　　② 절망　　　　　③ 광택　　　　　④ 영광

2 낱말과 낱말의 뜻을 바르게 연결해 보세요.

1) 빛의 속도　　　　　　　　　　　　　　•　　　　• 광섬유

2) 빛이 반사되어 물체의 표면이 반짝이는 것 •　　　　• 광속

3) 빛을 전달하는 유리섬유　　　　　　　•　　　　• 광복

4) 빼앗긴 나라를 다시 찾음　　　　　　•　　　　• 광택

3 밑줄 친 '광(光)' 가운데 나머지와 뜻이 **다른** 것을 찾으면? (   )

① 그 물건은 직사<u>광</u>선을 조심해야 해.

② 7시 반에 역 앞 <u>광</u>장에서 만나는 거다.

③ 와~ 이 구두 봐. 반짝반짝 <u>광</u>택이 나네.

④ 그 사람의 작품은 늦게서야 각<u>광</u>을 받기 시작했다.

4 아래 그림들 모두와 관계있는 낱말은 무엇일까요? (   )

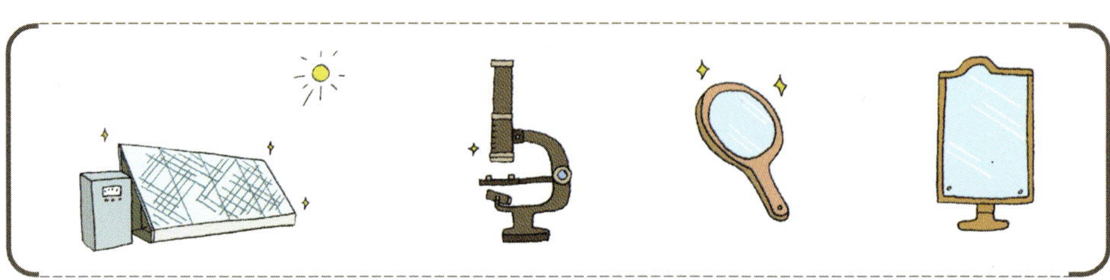

① 광학　　　　　② 광합성　　　　　③ 광복　　　　　④ 야광

어휘력 다지기

5 빈칸에 알맞은 낱말을 보기에서 찾아 문장을 완성해 보세요.

> 보기　　　　　광복절　관광지　역광　야광

1) 이쪽으로 다시 서 봐. 그쪽은 ☐☐이라 사진이 잘 안 나올 것 같아.

2) 도로의 차선을 ☐☐으로 그어서 밤에도 잘 보이네.

3) 우리나라의 주요 ☐☐☐은(는) 설악산, 제주도, 경주야.

4) 8월 15일은 일제에서 해방된 날을 기념하는 ☐☐☐(이)야.

6 다음 중, 밑줄 친 부분에 어울리지 <u>않는</u> 말이 쓰인 문장은? (　　　)

① 그 <u>관광지</u>는 손님들로 북적대요.

② 불을 끄고도 보인다면 그건 <u>야광</u> 시계예요.

③ <u>광섬유</u>란 빛을 전달하는 가는 섬유를 말해요.

④ 좋은 일이 생길 희망이 보인다면, <u>각광을 받는다</u>고 하지요.

7 십자말풀이를 완성해 보세요.

가로 열쇠

1) 빛을 다시 찾음, 빼앗긴 나라를 되찾음

3) 형광물질을 이용해 빛을 내는 등

4) 관광할 거리가 있는 곳

7) 어둠 속에서 빛을 냄

세로 열쇠

1) 빛을 이용해 탄수화물을 만들어 내는 것

2) 정면으로 곧게 비추는 빛줄기

5) 빛이 반사되어 물체의 표면이 반짝이는 것

6) 물체의 뒤에서 카메라로 비치는 빛

우리의 출입을 제한한다고?

위 그림의 빈칸에 들어갈 말은 무엇일까요? (　　　)

① 안전　　　　② 통과　　　　③ 제한　　　　④ 보호

맞아요, 제한이에요. 괴물 전용이라 인간은 못 들어간다는 거지요. 제한(制限)은 한도를 정하거나 그 한도를 넘지 못하게 막는다는 말이에요. 그래서 출입을 제한하는 곳은 제한구역이고, 정해진 시간 안에 주어진 일을 끝마쳐야 하는 것은 시간제한이지요. 이럴 때 제(制)는 제멋대로 굴지 못하게 하다, 즉 '제한하다'를 뜻하지요.

제한과 비슷한 말로 제약(制約)이 있어요. 제한은 제한인데, 조건을 붙여 제한하는 것을 말해요. 제어(制御)는 기계 따위를 뜻에 맞게 부려 쓰는 것이에요. 제어할 수 있게 하는 장치는 제어장치예요. 기계 등의 움직임을 멈추는 것은, 움직임을 제한한다는 뜻에서 제동(制動)이라고 하지요.

制 　제한할 제

- **제한**(制 限한계 한)
한도를 정하거나 그 한도를 넘지 못하게 막는 것
- **제한구역**
(制 限 區구분할 구 域경계 역)
출입을 제한하는 구역
- **시간제한**
(時때 시 間사이 간 制限)
정해진 시간 안에 일을 마쳐야 함
- **제약**(制 約묶을 약)
조건을 붙여 제한함
- **제어**(制 御다스릴 어)
기계 따위를 뜻에 맞게 부려 씀
- **제동**(制 動움직일 동)
자동차나 기계 따위의 움직임을 멈춤

그럼, '제(制)'의 뜻을 생각하면서 다음 빈칸을 채워 볼까요?

감정이나 욕망을 스스로 억누르는 것은 자□,

알맞은 한도를 넘지 않도록 제한하는 것은 절□,

규칙에 따라 일정한 한도를 정하고 그것을 넘지 못하게 제한하는 것은 규□,

한도를 넘어서 나아가려는 것을 억눌러 그치게 하는 것은 억□.

그럼, 강제(强制)는 무슨 뜻일까요? 하기 싫은 일을 힘을 써서 억지로 하게 하는 것을 뜻합니다. 억지로 일을 시키는 것은 강제 노동, 억지로 사람을 모으는 것은 강제 동원이지요.

교통 통제나 도로 통제란 말을 들어 봤지요? 이렇게 통제(統制)는 어떤 방침이나 목적에 따라 제한하거나 제약하는 것을 말해요. 통제는 강제로 이루어지는 경우가 많죠.

'우리는 하나'라는 단결심을 심어 주기 위해 복장을 통제하기도 해요. 우리가 '유니폼'이라고 부르는 제복(制服)이 그거예요. 학교나 회사, 관청 등에서는 똑같은 형태의 옷인 제복을 입게 하지요.

다음 중, 제복이 <u>아닌</u> 것은 뭘까요? (　　　)

① 경찰복　　　② 교복　　　③ 잠옷　　　④ 군복

답은 ③ 잠옷이지요. 경찰복, 교복, 군복 등은 제복이지요. 제복은 목적에 맞는 모양과 장식 등을 갖추고 있지요.

제　制　제한하다, 억제하다

<table>
<tr><td colspan="2">制　제한할 제</td></tr>
</table>

- **자제**(自 스스로 자 制)
  감정이나 욕망을 스스로 억누름
- **절제**(節 절도 절 制)
  알맞은 한도를 넘지 않도록 제한함
- **규제**(規 규칙 규 制)
  규칙에 따라 한도를 정하고 그것을 넘지 못하게 제한함
- **억제**(抑 억누를 억 制)
  한도를 넘으려는 것을 억눌러 그치게 함
- **강세**(强 강할 강 制)
  하기 싫은 일을 힘을 써서 억지로 하게 함
- **강제 노동**
  (强制 勞 일할 노 動 움직일 동)
  강제로 일을 시킴
- **강제 동원**
  (强制 動 움직일 동 員 사람 원)
  강제로 사람을 모음
- **통제**(統 거느릴 통 制)
  어떤 방침이나 목적에 따라 제한함
- **제복**(制 服 옷 복)
  똑같은 형태의 옷, 유니폼

비행기가 착륙하려면 관제탑의 지시를 받아야 하지요. 관제탑은 비행기의 교통을 통제하는 곳이에요. 관제(管制)는 어떤 일을 관리하고 통제하는 것입니다. 특히 공항 같은 곳에서 공공의 필요에 따라 강제로 관리하고 통제하는 것을 말하지요.

다음은 무슨 날일까요? 빈칸에 알맞은 말을 써 보세요.

3월 1일 – 삼일절	7월 17일 – □□□
8월 15일 – 광복절	10월 3일 – 개천절

네, 정답은 제헌절이에요. 삼일절, 제헌절, 광복절, 개천절은 우리나라의 대표적인 국경일입니다. 여기에 한글날까지 추가하면 5대 국경일이 되죠. 삼일절은 일제에 맞서 독립운동을 한 날, 광복절은 일제로부터 우리나라를 되찾은 날, 개천절은 우리나라를 처음으로 세운 날이에요.

그럼, 제헌절은 무엇을 기념하기 위한 날일까요? 우리나라의 헌법을 만들어 널리 알린 것을 기념하는 날이에요. 제헌(制憲)이 헌법을 만들어 정했다는 뜻이거든요. 이렇게 제도나 법률 따위를 만들어서 정하는 것을 제정(制定)이라고 해요. 이때 제(制)는 법이나 제도 등을 '만들다' 란 뜻이죠.

制 제한할 **제**

- 관**제**(管관리할 관 制)
  관리하고 통제함
- 관**제**탑(管制 塔탑 탑)
  관리하고 통제하는 탑

制 만들 **제**

- 제**헌**(制 憲헌법 헌)
  헌법을 만들어 정함
- 제**헌**절(制憲 節기념일 절)
  헌법 제정을 기념하는 날
- 제**정**(制 定정할 정)
  제도나 법률을 만들어 정함
- 창**제**(創비롯할 창 制)
  없던 것을 처음으로 만듦
  ＝창제(創製)

製 만들 **제**

- 제**과**(製 菓과자 과)
  과자를 만들다
- 제**강**(製 鋼강철 강)
  강철을 만들다
- 제**조**(製 造만들 조)
  물건을 만들다

같은 말 다른 뜻

전에 없던 것을 처음으로 만드는 것을 창제(創制)라고 해요. 같은 말로 창제(創製)도 있어요. 제(製) 자 역시 '만들다' 를 뜻해요. 제(制)와 음도 같고 뜻도 같아서 헷갈리지요? 둘은 쓰임이 달라요. 제(制)는 '법이나 제도 등을 만들다' 라는 뜻으로 쓰이고, 제(製)는 빵을 만드는 제과(製菓), 강철을 만드는 제강(製鋼), 물건을 만드는 제조(製造)처럼 주로 '물건을 만들다' 라는 뜻으로 쓰이지요.

차 번호 끝자리 수가 2니까 2일에 차가 쉬어야 한다고요? 어떤 제도 때문에 그럴까요? (　　　)

① 금융실명제　　　　② 차량 10부제

③ 쓰레기종량제　　　　④ 수능 시험

아하~ 차량 10부제 때문이군요. 차량 10부제는 차 번호 끝자리와 같은 날에 차를 쉬게 권하는 '제도'예요. 교통 혼잡을 막기 위해서 실시하지요. 제도(制度)는 필요에 의해 나라나 모임에서 정한 규칙이에요.

쓰레기종량제(從量制)는 쓰레기 배출량에 따라 수수료를 내는 제도입니다. 우리나라는 지정된 쓰레기봉투에만 쓰레기를 담아 버리도록 하고 있지요. 금융실명제(實名制)는 은행예금 같은 금융거래를 할 때에 거래자의 실제 이름을 쓰게 하는 제도예요.

그 밖에 또 어떤 제도가 있을까요? 빈칸을 채우며 알아볼까요?

원하는 고등학교나 대학교에 입학하기 위해서 시험을 치르는 입시 □□,

가입자가 수입에 따라 다달이 보험료를 내고, 병이 나거나 다쳤을 때 치료를 받을 수 있게 하는 의료보험 □□,

한 사건에 대하여 세 번의 재판을 받을 수 있는 삼심□□.

制　제도 제

■ 제도(制 度법도 도)
필요에 의해 정한 규칙

■ 종량제
(從따를 종 量양 량 制)
사용한 양에 따라 요금을 내는 제도

■ 실명제
(實실제 실 名이름 명 制)
거래를 할 때 실제 이름을 쓰게 하는 제도

■ 삼심제도
(三셋 삼 審살필 심 制度)
한 사건에 대하여 세 번의 재판을 받을 수 있는 제도

왼쪽 그림의 빈칸에 들어갈 말은? (　　　)

① 헌옷　　　② 제헌　　　③ 제사　　　④ 제작

　　맞아요, 답은 ② 제헌입니다. 7월 17일은 제헌절(制憲節)이에요. 우리나라 5대 국경일 가운데 하나이지요. 국경일은 나라가 경사를 맞은 날이에요.

　　1945년 8월 15일 일제로부터 해방이 된 후, 우리나라에는 새 정부가 세워졌어요. 그리고 나라 이름을 대한민국이라 정하였지요. 나라가 정해졌으니, 나라를 다스리는 기본법인 헌법을 만들어야 했지요. 그래서 1948년 7월 17일에 헌법을 만들어 공포하였는데, 이를 기념하기 위해 7월 17일을 제헌절로 정했어요.

　　그럼, 헌법이란 무엇일까요? 헌법에 대한 설명으로 적절치 <u>않은</u> 것을 골라 볼까요? (　　　)

① 한 나라의 최고 법

② 대통령이 마음대로 바꿀 수 있는 법

③ 국민의 기본적인 인권을 보장하는 법

④ 나라를 다스리는 데 필요한 각종 법의 으뜸

　　맞아요, 답은 ②입니다. 헌법(憲法)은 한번 제정되면 아무리 대통령이라도 마음대로 바꿀 수 없어요. 헌법은 나라의 최고 법으로서 모든 법의 으뜸이 되는 법입니다. 나라를 조직하고 구성하는 근본법이기 때문에 다른 법률이나 명령으로써 바꿀 수 없지요. 또, 헌법은 자유민주주의의 원리에 입각하여 국민의 기본적인 인권을 보장해야 해요. 이처럼 큰 의미를 가지는 헌법을 제정하는 것을 제헌(制憲)이라고 해요.

　　헌법을 제정한 국회를 제헌국회라고 합니다. 우리나라의 제일 첫 국회를 제헌국회라고도 해요. 초대 국회에서 우리나라 헌법을 제정했기 때문이지요.

한번 제정된 헌법이라도 필요하면 바꿀 수 있어요. 헌법을 고치는 것을 헌법 개정이라고 해요. 국회나 대통령이 개정안을 발의하여 국회의 의결과 국민투표를 거쳐 확정됩니다.

헌법이 개정되려면 다음 절차를 따라야 해요.

1. 헌법 개정안 발의 – 국회 재적 의원 과반수 또는 대통령
2. 헌법 개정안 공고 – 대통령이 20일 이상 공고
3. 국회의 의결 – 개정안이 공고된 날로부터 60일 이내에 재적 의원 $\frac{2}{3}$ 이상의 찬성으로 의결(표결 방법 : 투표용지에 이름을 써서 가부를 결정하는 기명투표)
4. 의결된 개정안 – 30일 이내에 국민투표 실시(국회의원 선거권자 과반수의 투표와 투표자 과반수의 찬성을 얻으면 확정)
5. 확정 및 공포 – 국민투표를 통과한 후에 헌법 개정안을 확정하고 대통령이 즉시 공포

참조

대한민국 헌법 전문(일부)

유구한 역사와 전통에 빛나는 우리 대한민국은 3·1운동으로 건립된 대한민국 임시정부의 법통과 불의에 항거한 4·19 민주이념을 계승하고, 조국의 민주 개혁과 평화적 통일의 사명에 입각하여 정의·인도와 동포애로써 민족의 단결을 공고히 하고, 모든 사회적 폐습과 불의를 타파하여, 자율과 조화를 바탕으로 자유민주적 기본 질서를 더욱 확고히 하여… (후략)

 **낱말상자**

- **제헌**(制만들 제 憲헌법 헌) 헌법을 제정하다
- **제헌절**(制憲 節기념일 절) 헌법 제정을 기념하는 날
- **제헌국회**(制憲 國나라 국 會모일 회) 헌법을 제정한 국회, 우리나라의 초대 국회
- **헌법**(憲 法법 법) 나라의 최고 법, 모든 법의 으뜸
- **헌법 개정**(憲法 改고칠 개 正바로잡을 정) 헌법을 바르게 고침
- **재적**(在있을 재 籍명부 적) 명부에 이름이 올라 있음
- **공포**(公여러 공 布알릴 포) 여러 사람에게 공개적으로 널리 알림

1 보기에서 알맞은 낱말을 골라 빈칸에 써넣으세요.

> 보기　　　　제어　제약　제한　제비

1) : 수학 문제 풀기 시작! ☐☐ 시간은 10분!

　 : 으윽~ 죽었다.

2) : (자전거에 탄 채로) 오빠, 오른쪽으로 가야지.

　 : 어라, 이상하다. ☐☐ 할 수가 없어. 뜻대로 안 움직여.

3) : 살 빼려면 단 건 먹지 말아야 돼. 과자, 음료수, 껌 다 먹지 마.

　 : 휴우~ 무슨 ☐☐ 이/가 그렇게 많아?

2 낱말과 낱말의 뜻을 바르게 연결하세요.

1) 감정이나 욕망을 스스로 억누름　　●　　●　제동
2) 하기 싫은 일을 억지로 하게 함　　●　　●　규제
3) 규칙에 따라 한도를 넘지 못하게 제한함　●　　●　자제
4) 기계 등의 움직임을 멈춤　　●　　●　강제

3 다음 옷들을 통틀어 뭐라고 하면 좋을까요? (　　　)

> 교복　　경찰복　　군복　　운동복

① 잠옷　　　　② 제복　　　　③ 헌 옷　　　　④ 새 옷

4 밑줄 친 '제' 가운데 나머지와 뜻이 <u>다른</u> 것을 찾으면? (　　　)

① 의형제　　　　　　② 제한구역
③ 관제탑　　　　　　④ 강제 동원

어휘력 다지기

5 빈칸에 공통으로 들어갈 낱말은 무엇일까요? (　　　)

> • 고등학교나 대학교에 입학하기 위해서 시험을 치르는 입시 □□
>
> • 가입자가 수입에 따라 보험료를 내고, 병이 나거나 다쳤을 때 치료를 받을 수 있게 하는 의료보험 □□
>
> • 한 사건에 대하여 세 번의 재판을 받을 수 있는 삼심□□

① 제군　　　　② 제도　　　　③ 제비　　　　④ 제사

6 다음 설명들 중, 올바른 것은? (　　　)

① 헌법은 모든 법 가운데 으뜸이 되는 법입니다.

② 헌법을 제정한 국회는 '제정국회'라고 하지요.

③ 제헌절은 헌법을 개정한 것을 기념하는 날이에요.

④ 국민의 기본권을 보장하는 최고의 법은 '국법'이라고 해요.

7 화살표를 따라가며 글자를 모아 보세요. (□□□□) (⟶ 예　　⟶ 아니오)

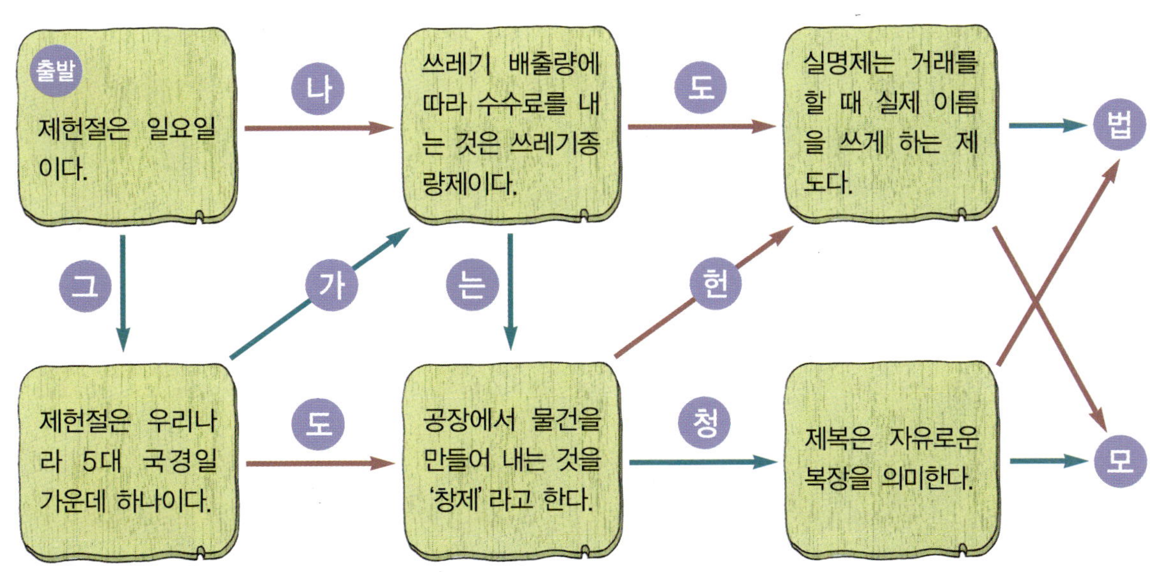

이름은 절대 바뀌지 않는다! 과연 그럴까요? 이름도 바꿀 수 있답니다. 이름을 바꿔야 하는 이유가 있다면 법원의 허락을 받고 바꿀 수 있지요. 이름을 바꾸는 걸 개명(改名)이라고 해요.

이렇게 무언가를 '바꾼다' 라고 할 때에는 앞에 개(改) 자를 붙인답니다. 그러면 '바꾸다' 라는 뜻을 생각하면서 빈칸을 채워 볼까요?

잘못된 마음을 바꾸는 것은 □심,

종교를 바꾸는 것은 □종.

때로는 법을 바꾸기도 하지요. 그럼 법을 만들거나 바꾸는 일은 어디서 할까요? 바로 국회지요. 국회에서는 법을 만들기도 하고, 고치기도 합니다. 법 중에서 가장 최고의 법인 헌법도 바꿀 수 있답니다. 헌법을 고치는 것을 개헌(改憲)이라고 해요.

정부에서는 여러 가지 이유로 각료들을 바꾸기도 하지요. 흔히 개각을 단행한다고 하는데, 개각(改閣)이란 정부 내각을 고쳐서 짠다는 말입니다.

改	바꿀 개

- **개명**(改 名이름 명)
  이름을 바꿈
- **개심**(改 心마음 심)
  잘못된 마음을 바꿈
- **개종**(改 宗종교 종)
  종교를 바꿈
- **개헌**(改 憲헌법 헌)
  헌법을 바꿈
- **개각**(改 閣내각 각)
  각료를 바꿈

각료

내각을 구성하는 장관들을 각료(閣내각 각 僚관리 료)라고 해요. '내각' 은 행정부의 최고 집행 기관이지요.

지하철이나 기차를 타기 전에 승차권을 확인하죠? 요즘에는 표를 넣거나 간단히 카드만 갖다 대면 확인이 가능합니다. 하지만, 예전엔 일일이 표에 다 확인 표시를 했어요. 입구에서 승차권이나 입장권에 구멍을 내 확인했지요.

그러면 표의 형태가 바뀌지요? 그래서 '바꾸다, 고치다'의 개(改)자를 써서 개찰(改札)이라고 했답니다.

개정(改正)은 바꾸어 바르게 만드는 것 즉, 고치는 것을 말합니다. 어떤 제도나 법률이 처음 만든 때와 달리 현재에는 맞지 않는다면 고쳐야겠지요.

이렇게 개(改)는 '고쳐서 ~ 하게 만들다'라는 뜻으로 쓰입니다. 그럼, 다음 예문을 한번 볼까요?

- 전통 한복의 불편한 점을 <u>개선</u>한 것이 <u>개량</u> 한복입니다.
- 지붕 <u>개량</u> 등을 통해 생활환경 <u>개선</u>에 힘쓰고 있습니다.

개선(改善)과 개량(改良)은 잘못된 것이나 부족한 것을 고쳐서 더 좋게 한다는 말이에요. 어떤 차이가 있을까요? 고치는 대상이 좀 더 구체적일 때에 개량이라고 합니다. 그래서 호박고구마나 한라봉처럼 교배나 접목을 통해 품종을 개량한 것을 개량종(改良種)이라고 하지요.

改	고칠 개

- **개찰**(改 札패 찰)
  입구에서 승차권이나 입장권에 표시를 해 확인함
- **개정**(改 正바로잡을 정)
  고쳐서 바르게 함
- **개선**(改 善훌륭할 선)
  잘못된 것이나 부족한 것을 고쳐 더 좋게 만듦
- **개량**(改 良좋을 량)
  나쁜 점을 보완하여 더 좋게 고침
- **개량종**(改良 種씨 종)
  개량한 품종

<table><tr><td>개</td><td>改</td><td>바꾸다, 고치다</td></tr></table>

바꿀 **개** 改

오래된 한옥의 낡고 불편한 점을 개선해야 할 것 같죠? 목적에 맞게 고쳐서 다시 만드는 걸 개조(改造)라고 합니다. 또, 자동차 애호가들이 타는 차량이나 군대의 무기 같은 것도 성능을 향상시키기 위해 개조를 하죠? 이렇게 이미 있던 것을 더 낫게 고치는 것을 말할 때, '다시'라는 뜻의 개(改) 자를 씁니다.

낡은 수도관이나 오래된 전선 등을 교체하여 설치하는 것은 무엇이라 할까요? '개설'이라고 합니다. 개설(改設)은 기구 따위를 새로 수리하거나 바꾸어 설치하는 거예요. 이사하면서 가스관, 인터넷, 전화선을 다시 설치하여 연결하는 것이 바로 개설이지요.

좋아하는 TV 프로그램이 개편되면 서운하죠? 개편(改編)은 고쳐서 다시 엮는 것입니다. 교육과정이 '개편'되면 교과서도 그에 따라 바뀌지요. 또 있습니다. 조직을 고쳐 다시 짜는 것도 '개편'이라고 합니다.

그럼, 작품이나 원고를 고쳐서 다시 짓는 것은 무엇이라고 할까요? 네, 개작(改作)이라고 하지요.

改 | 다시 개

- **개조(改 造** 만들 조**)**
목적에 맞게 고쳐서 다시 만듦
- **개설(改 設** 세울 설**)**
기구 따위를 새로 수리하거나 바꾸어 설치함

개설(開 시작할 개 **設)**
시작할 개(開) 자를 쓰는 '개설'은 새로 설치하여 시작한다는 뜻입니다. 은행에서 통장을 만들어 거래를 시작하는 것을 '통장 개설'이라고 하지요.

- **개편(改 編** 엮을 편**)**
책이나 과정, 조직 등을 고쳐서 다시 엮음
- **개작(改 作** 지을 작**)**
작품이나 원고를 고쳐서 다시 지음

개비
'이사하면서 가구를 새것으로 개비했다'라는 말, 들어 본 적 있나요? 개비(改 備 갖출 비)란 다시 마련하여 갖추는 것을 말해요.

후훗! 청소만 하면 사라지던 동구가 오늘은 제일 먼저 빗자루를 잡았네요. 그림의 빈칸에 알맞은 사자성어는 무엇일까요? (　　　)

① 전화위복　　② 개과천선　　③ 일석이조　　④ 솔선수범

답은 ② 개과천선이죠. 개과천선(改過遷善)이란 지난날의 잘못된 점을 고쳐서 착하게 된다는 말입니다.

공자는 '잘못을 고치지 않는 것이 더 큰 잘못이며, 잘못을 알았으면 고치기를 꺼리지 말라'라고 하였답니다. 이 가르침을 한자말로 과즉물탄개(過則勿憚改)라고 합니다. 아침에 잘못한 일에 대해 들으면 저녁에 고치라는 뜻의 조문석개(朝聞夕改)도 비슷한 말입니다. 잘못을 알면 주저하지 않고 바로 고친다는 뜻입니다.

말은 비슷한데 뜻이 아주 다른 것도 있어요. 조변석개(朝變夕改)는 아침저녁으로 뜯어고친다는 말입니다. 너무 자주 바꾸어 제대로 되는 일이 없다는 뜻이지요.

이런말도 있어요

일제강점기에 일본은 우리의 민족성을 말살하기 위해, 한국인의 성(姓)과 이름을 일본식으로 바꾸는 창씨개명(創氏改名)을 강요하였습니다.

改　고칠 개

- 개과천선(改過잘못 과 遷옮길 천 善착할 선)
지난날의 잘못을 고쳐 착하게 됨
- 과즉물탄개(過잘못 과 則곧 즉 勿말 물 憚꺼릴 탄 改)
잘못을 하면 바로 고치기를 꺼리지 말라
- 조문석개(朝아침 조 聞들을 문 夕저녁 석 改)
아침에 잘못한 일을 들으면 저녁에 고친다, 잘못을 알면 바로 고친다
- 조변석개
(朝 變변할 변 夕저녁 석 改)
아침저녁으로 뜯어고침, 너무 자주 고쳐 제대로 되는 일이 없음
- 창씨개명(創만들 창 氏성 씨 改名이름 명)
한민족 고유의 성명제를 폐지하고 일본식 성명을 강요한 일

- 견자(犬개 견 子아들 자)는 개아들. 창씨개명을 강요하는 일본인을 조롱하여 한 말이랍니다.

어휘로 개념 사냥

현재의 제도 등이 바른길에서 벗어나 있을 때, 그것을 바로잡기 위해 마치 '가죽을 갈듯 새롭게 뜯어 고치는 것'을 개혁(改革)이라고 합니다. 조선 후기의 외세 침략에 대해, 우리 민족은 다양한 개혁 운동과 개혁안으로 대응하였습니다.

어린 고종 대신 정권을 맡은 흥선대원군은 나라를 바로잡기 위해 개혁 정치를 펼칩니다. 인재를 고루 뽑고, 양반들의 천국인 서원을 철폐하고, 양반들에게서 세금을 거두어들였지요.

그 당시에 여러 서양 나라들이 무력으로 조선에 통상을 강요해 와서, 조선 백성들은 불안에 떨고 있었습니다. 흥선대원군은 척화비(斥和碑)를 세워 서양과 관계를 맺지 않겠다는 강한 의지를 보입니다. 이를 두고 척화에 찬성하는 쪽과 반대하는 쪽으로 의견이 크게 나뉘었어요.

강력하게 쇄국을 주장했던 흥선대원군 쪽 사람들과 그에 반대하던 명성황후 쪽 사람들의 대립으로 여러 가지 정치적 변화가 일어납니다. 여기에 일본과 청나라가 끼어들어 문제가 훨씬 복잡해졌지요.

청나라의 도움으로 명성황후 쪽 세력이 정권을 잡은 후, 청나라는 우리나라를 마음대로 다스리려 합니다. 이에 불만을 느낀 젊은 개화파 운동가들이 정변을 일으키는데, 이것이 바로 갑신정변(甲申政變)입니다. 이들은 청나라의 간섭을 물리치고 근대 문명을 적극적으로 받아들여 한시바삐 근대국가를 이룩하자고 주장했지요. 개화파는 14개 조로 된 개혁안을 선포하고 개혁 정치를 펴려 했으나 사흘 만에 정변은 실패로 끝났고, 청나라 세력은 오히려 더 강해집니다.

1894년, 낡고 잘못된 정치를 뜯어고치려는 동학농민운동이 일어나게 됩니다. 동학군은 신분제 폐지와 토지의 균등한 분배를 목표로 개혁을 추진하지만, 일본과 청나라의 개입으로 뜻을 이루지 못합니다.

동학군을 진압한 후, 일본은 우리 정부에 대해 내정 개혁을 요구하였죠. 하지만, 조선 정부는 이미 개혁을 추진하고 있다고 거절하며 일본군의 철수를 요구했습니다. 그러자 일본은 군대를 출동시켜 경복궁을 포위하고, 온건 개화파인 김홍집을 앞세워 새로운 정부를 구성하고 개혁을 단행합니다. 이것이 갑오개혁입니다.

갑오개혁(甲午改革)은 신분제나 조혼 풍습 같은 낡고 잘못된 여러 제도와 관습들을 바꾸거나 없애는 등, 조선의 근대화에 이바지했어요. 하지만, 나라의 살림살이를 튼튼히 하는 데 꼭 필요한 토지 개혁 등이 빠진, 불완전한 개혁이었어요.

낱말상자

- **개혁**(改바꿀 개 革가죽 혁) 낡은 가죽을 새 가죽으로 갈듯 새롭게 뜯어고침
- **개혁 정치**(改革 政사정 정 治다스릴 치) 잘못된 제도를 새롭게 뜯어고치는 정치
- **척화비**(斥물리칠 척 和어울릴 화 碑비석 비) 서양 세력과 어울리지

않겠다는 뜻을 담아 세운 비석
- **갑신정변**(甲申政 變변할 변) 갑신년에 일어난 큰 정치적 변동, 개화파에 의한 정변
- **갑오개혁**(甲午改革) 갑오년에 이루어진 개혁

1 다음 빈칸에 공통으로 들어갈 말은 무엇일까요? (　　　)

> • 요즘 심각하게 □종을 고민 중이야.
>
> • 학생! 승차권 □찰하고 들어가야지.
>
> • 장애인 편의 시설이 더욱 □선되어야 한다고 생각합니다.
>
> • 이름을 바꾸는 □명은 평생에 한 번 가능하니, 신중해야 합니다.

2 낱말의 뜻과 낱말을 바르게 연결하세요.

1) 잘못된 마음을 바꿈　　　　　　　•　　　　　　• 개편

2) 헌법을 바꿈　　　　　　　　　　•　　　　　　• 개작

3) 작품이나 원고를 고쳐서 다시 지음　•　　　　　　• 개헌

4) 책이나 조직 등을 고쳐서 다시 엮음　•　　　　　　• 개심

3 다음 중, 밑줄 친 낱말의 뜻을 바르게 풀이한 것은? (　　　)

> 자! 시설 <u>개선</u> 방안을 알아보도록 합시다.

① 고유의 특성　　　　　　　　　② 고쳐서 말하다

③ 이기고 돌아옴　　　　　　　　④ 고쳐서 더 좋게 하다

4 사자성어와 뜻을 바르게 연결하세요.

1) 조변석개　•　　　　　• 지난날의 잘못을 고쳐서 착하게 됨

2) 개과천선　•　　　　　• 잘못을 알면 바로 고침

3) 조문석개　•　　　　　• 아침저녁으로 뜯어고침, 자주 바꿈

5 밑줄 친 '개' 가운데, 나머지와 뜻이 <u>다른</u> 것을 찾으면? (   )

① 국회에서 <u>개</u>헌안이 통과되었습니다.

② 우리 학교는 3월 3일에 <u>개</u>학할 예정입니다.

③ 동학군은 신분제 폐지와 토지 <u>개</u>혁을 요구하였습니다.

④ 창씨<u>개</u>명은 우리의 민족성을 말살하려는 정책이었습니다.

6 대화를 잘 읽고, 빈칸에 적당한 말을 보기에서 찾아 써넣으세요.

> 보기   개념   개조   개량   전개

1) : 한라봉인데, 귤의 신맛을 보완해서 품종을 □□한 거라 달고 맛있지?

   : 말 시키지 마! 다 먹어치울 테다.

2) : 저건 마치 학교 같은데?

   : 응~ 저 건물은 낡은 학교를 미술관으로 □□한 거야.

7 화살표를 따라가며 글자를 모아 보세요. (□□□□) (→ 예   → 아니오)

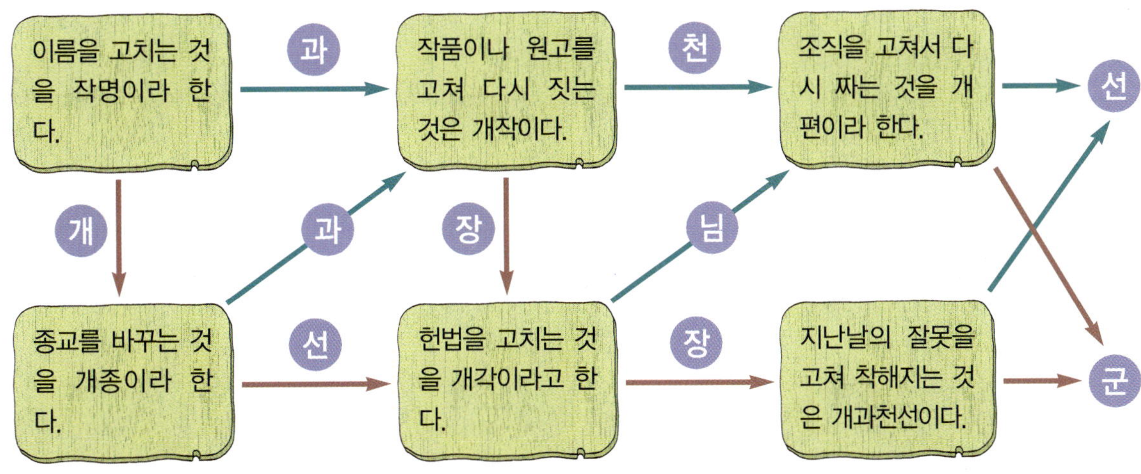

기본어휘잡기

위 그림의 빈칸에 들어갈 말은 무엇일까요? (　　　)

① 계속　　　② 용감　　　③ 필승　　　④ 생각

답은 ① 계속입니다. 계속(繼續)은 끊이지 않고 이어 가는 것이에요. 이때 속(續)은 '잇다' 라는 말이에요.

일기예보에서 '내일 밤부터 기온이 떨어져 당분간 영하 10도 이하의 추위가 지속될 것으로 예상됩니다' 라고 한다면 옷을 두툼하게 입어야 할 거예요. 지속(持續)은 어떤 상태가 오래 계속되는 것이거든요.

연속(連續)은 죽 이어진다는 말이에요. 일정한 시간을 정하여 조금씩 이어 방송하는 극(劇)을, 그래서 연속극이라고 하지요.

續	이을 속

■ 계속(繼이을 계 續)
끊이지 않고 이어 감
■ 지속(持버틸 지 續)
어떤 상태가 오래 계속됨
■ 연속(連이어질 연 續)
죽 이어짐
■ 연속극(連續 劇연극 극)
연속해서 하는 극
주말마다 이어지는 극은
주말 연속극, 매일 이어지는
극은 일일 연속극

이런 말도 있어요

지구 온난화 등으로 환경 파괴가 심각해지면서, '지속 가능한 개발' 이라는 말이 화제가 되고 있어요. 지속 가능한 개발이란 개발은 하되, 우리 후손이 누려야 할 것까지 미리 끌어다 쓰는 식이 되지 않게 조심하는 것을 말해요.

그림의 빈칸에 알맞은 낱말을 고르세요. (　　　)

① 매듭　　　② 접속

③ 기능　　　④ 배송

답은 ②번. 접속(接續)은 서로 잇는다는 말이에요. 이야기이든, 물건이든, 선이든 서로 이어야 하는 것에 '접속'이란 낱말을 쓰지요.

부모님이 돌아가시면 자식들에게 재산을 물려주지요. 이것을 상속(相續)이라고 해요. 차례로 잇거나 이어받는 것이지요. 재산을 물려받은 자식은 상속인이 됩니다. 신분이나 재산 따위를 법에 따라 물려받은 사람이란 말이죠.

속속(續續)은 '잇따라서'란 말이에요. '크리스마스가 다가오니 성탄 카드가 속속 도착한다', '대학 시험에 합격했더니 축하 전화가 속속 걸려온다' 처럼 쓰지요.

소리가 들렸다 안 들렸다 할 때, 소리가 단속(斷續)적으로 들린다고 해요. '수도꼭지에서 수돗물 떨어지는 소리가 단속적으로 들린다' 라는 식으로 쓸 수 있지요. 이때 단속은 '끊어졌다 이어졌다 함' 이란 말이죠. 음주운전 단속의 '단속'과 소리는 같지만 한자가 달라요. 그때는 단체로 속박한다는 뜻의 단속(團束)이에요!

續	이을 속

- 접속(接이을 접 續)
  서로 이음
- 상속(相서로 상 續)
  차례로 잇거나 이어받음
- 상속인(相續 人사람 인)
  상속받는 사람
- 속속(續續)
  자꾸 잇따라서
- 단속(斷끊을 단 續)
  끊어졌다 이어졌다 함, 또는 그렇게 되게 함

단속

단속(團모을 단 束단속할 속)이란 규칙이나 법령 따위를 지키도록 통제하는 것을 말해요. 음주운전 단속 따위가 그 보기이지요.

속 │ 續　　잇다, 계속하다

續 | 뒤이을 속

- **속개**(續 開열 개)
  잠시 중단되었던 시합 따위를 뒤이어 엶
- **속행**(續 行행할 행)
  뒤이어 행함
- **속편**(續 篇책 편)
  이미 나온 작품에 뒤이어 나온 작품
- **속출**(續 出나올 출)
  뒤이어 나옴
- **속간**(續 刊펴낼 간)
  중단했던 신문이나 잡지 따위를 다시 이어서 펴냄

속개(續開)는 중단되었던 시합 따위를 다시 시작할 때 쓰는 낱말이에요. 속행(續行)의 뜻도 궁금하지요? 속행은 계속해서 행하는 것입니다. 계속하면 뒤에 있던 것이 차례로 앞으로 나와 쭉 이어지지요? 그래서 속(續)은 '뒤이어 나오다' 란 뜻으로도 쓰이죠.

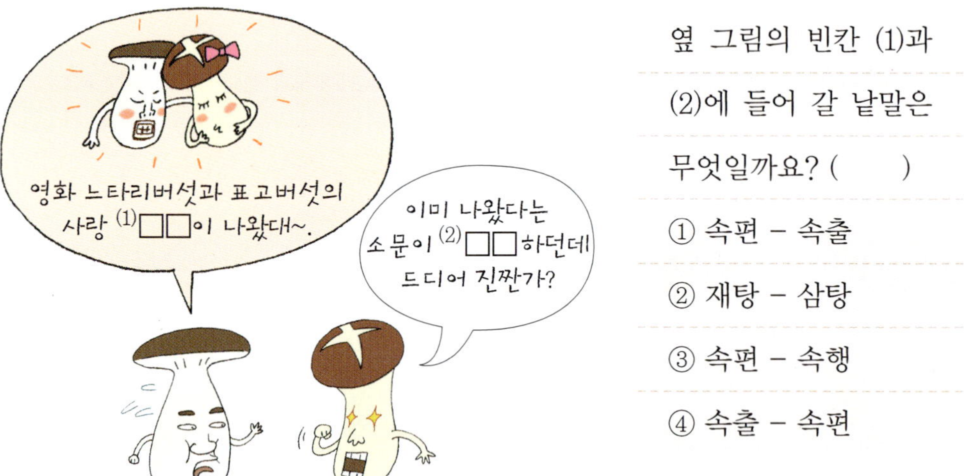

옆 그림의 빈칸 (1)과 (2)에 들어 갈 낱말은 무엇일까요? (　　)

① 속편 – 속출
② 재탕 – 삼탕
③ 속편 – 속행
④ 속출 – 속편

답은 ① 속편 – 속출입니다. 속편(續篇)은 이미 나온 작품에 뒤이어 나온 작품을 말하죠. 속출(續出)은 뒤이어서 계속 나온다는 말입니다.

즐겨 보던, 폐간된 잡지가 다시 발행된다면 기분이 좋겠지요? 이때는 잡지가 속간(續刊)되었다고 해요. 속간이란 간행을 중단했던 신문이나 잡지 따위를 다시 계속하여 낸다는 말이거든요.

속육전

속육전(續 六여섯 육 典법전 전)은 조선 초 태종의 법치주의 이념을 담은 법전이에요. 태조 때 나온 '경제육전' 의 속편인데, 지금은 전해지지 않아요.

속장경

속장경(續 藏불경 장 經경서 경)은 승려 의천이 대장경을 만들 때 빠진 것을 모아 엮은 불교 경전입니다.

네, 후속(後續)은 '뒤를 이어 계속한다' 란 뜻입니다. 그러니까 앞서 광당근병에 대한 보도가 있었고, 지금 방송 중인 건 그 후속편인 거죠.

먼저 나온 대책에 이어 그 다음 나오는 대책은 □□ 대책,

이전 노래에 뒤이어 나온 노래는 □□곡

이처럼 속(續)은 '계속' 이라는 뜻을 가지고 있습니다. 한 일자리에서 계속 근무하는 것은 근□(勤續)이라고 하죠. 어떤 일이나 현상이 계속되는 건 존□(存續)이라고 합니다. 그럼 어떤 현상이 영원히 계속되는 건? 그래요, 영□(永續)이라고 한답니다.

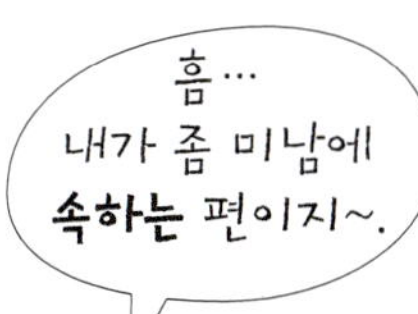

'~에 속(屬)하다' 라는 말이 있어요. 여러분도 학급과 학교에 속했고, 지역과 나라에 속해 있지요. 배구부나 미술부에 속했을 수도 있고요. 이때 쓰는 속(屬)은 지금까지 배운 속(續)과 달라요.

속(屬)은 '무리' 라는 말이에요. 무리는 여러 명이 모인 집단이잖아요. 그래서 '붙어 있다' 라는 뜻도 가져요. 속성(屬性)은 사물의 특징이나 성질이에요. 특징은 그 사물에 딱 붙어 있잖아요.

속(屬) 자가 붙는 말로 금속(金屬)이 있어요. 금속은 쇠붙이예요. 쇠와 비슷한 성질을 가진 것들을 통틀어 일컫는 말이죠. 금속 화폐, 금속 활자, 중금속은 모두 쇠붙이와 관계가 있답니다.

續 | 계속 속

- **후속**(後뒤 후 續)
  뒤를 이어 계속함
- **후속편**(後續 篇편 편)
  앞 편에 이어 계속되는 편
- **후속곡**(後續 曲노래 곡)
  이전 노래에 뒤이어 나온 노래
- **근속**(勤근무할 근 續)
  한 일자리에서 계속 근무함
- **존속**(存있을 존 續)
  어떤 일이나 현상이 계속됨
- **영속**(永영원할 영 續)
  영원히 계속됨

屬 | 무리 붙어 있을 속

- **속성**(屬 性성질 성)
  사물에 붙어 있는 성질
- **금속**(金쇠 금 屬)
  쇠붙이
- **금속 화폐**
  (金屬 貨재물 화 幣돈 폐)
  금속으로 만든 화폐
- **금속 활자**
  (金屬 活살 활 字글자 자)
  금속으로 만든 활자
- **중금속**(重무거울 중 金屬)
  무거운 금속

부속

부속(附딸릴 부 屬)은 주된 사물이나 기관에 딸려 붙어 있는 것을 말하지요.

복속

복속(服복종할 복 屬)은 복종하여 붙어 있는 것을 말해요.

---

1 빈칸에 공통으로 들어갈 말은 무엇일까요? (　　　)

> • 주말 연□극 봐야 해서, 일찍 집에 들어가야 해요.
>
> • 컴퓨터에 접□된 선이 불량이에요. 프린터가 작동되지 않아요.
>
> • 늙어서도 운동을 지□하면 날씬하고 건강한 몸매를 유지할 수 있어요.
>
> • 피아노 연습을 계□ 해라. 재능이 있으니까 좋은 피아니스트가 될 거야.

2 낱말의 뜻과 낱말을 바르게 연결하세요.

1) 재산 등을 차례로 잇거나 이어받음　　　•　　　• 상속

2) 자꾸 잇따라서　　　•　　　• 단속

3) 끊어졌다 이어졌다 함　　　•　　　• 속속

4) 신분이나 재산 따위를 법에 따라 물려받는 사람 •　　　• 상속인

3 괄호 안에 들어갈 낱말을 보기에서 골라 문장을 완성하세요.

> 보기　　　속개　　속간

1) 점심 먹은 뒤에 회의를 다시 (　　　　) 하겠습니다.

2) 엄마도 어릴 때 이 만화 잡지를 좋아했어. 거의 30년 만에 잡지가 (　　　　)됐구나.

4 밑줄 친 '속' 가운데, 뜻이 나머지와 <u>다른</u> 것은? (　　　)

① 이 소설은 정말 재미있어. <u>속</u>편이 나오면 정말 좋겠어.

② '우리 국토 내 발로 걷기 대회'에서 이탈자들이 <u>속</u>출하고 있대요.

③ 건물 붕괴 사고에 관한 긴급 <u>속</u>보 때문에 정규방송이 잠시 중단됩니다.

④ 관중 여러분, 장대비 때문에 중단되었던 경기가 <u>속</u>행될 예정입니다.

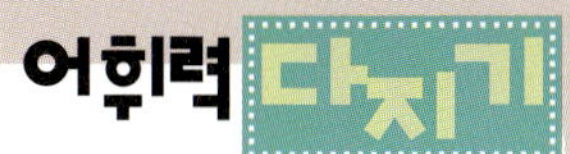

5 다음 중 적절치 <u>않은</u> 것을 고르세요. (   )

① '연속'은 '죽 이어짐'이란 말이다.

② '속(續)'의 뜻은 '~에 속하다'이다.

③ '속장경'은 승려 의천이 엮은 불교 경전이다.

④ '경제육전'은 조선 시대의 법전이고, 그 뒤에 나온 것이 '속육전'이다.

6 괄호 안에 들어갈 낱말을 보기에서 골라 문장을 완성하세요.

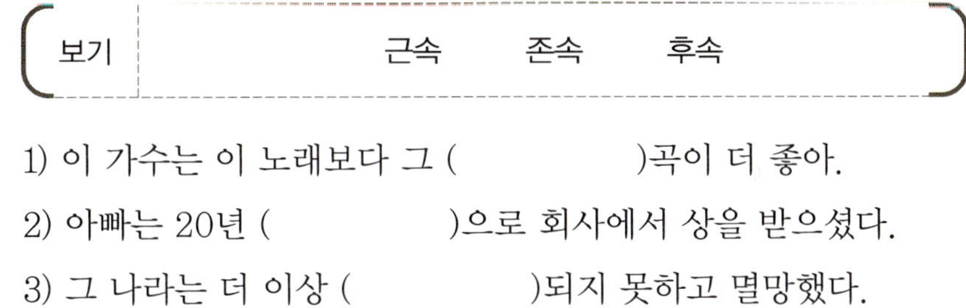

보기	근속　　　존속　　　후속

1) 이 가수는 이 노래보다 그 (   )곡이 더 좋아.

2) 아빠는 20년 (   )으로 회사에서 상을 받으셨다.

3) 그 나라는 더 이상 (   )되지 못하고 멸망했다.

7 사다리를 타고 내려가서, 풀이에 알맞은 낱말을 보기에서 찾아 빈 자리에 써 보세요.

보기	금속　　속성　　단속　　속개

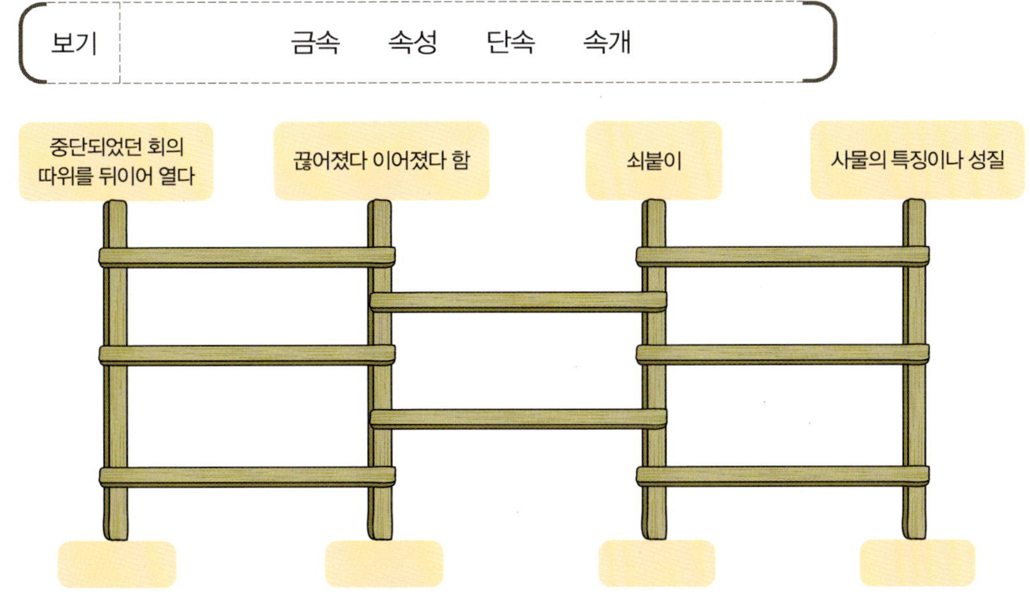

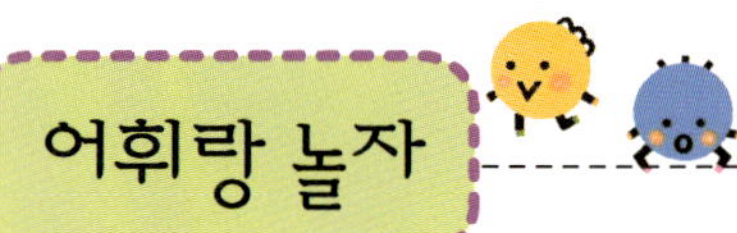

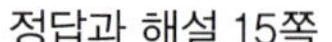

정답과 해설 15쪽

가로 열쇠

5) 빛을 이용해 탄수화물을 만들어 내는 것 (▶112쪽)

6) 무거운 금속 (▶135쪽)

7) 관리하고 통제하는 탑, 비행기의 이착륙을
   담당하는 곳 (▶118쪽)

10) 잘못된 마음을 바꾸는 것 (▶124쪽)

11) 개발은 하되, 후손이 누려야 할 것까지 미리
   끌어다 쓰는 식이 되지 않게 조심하는 것
   (▶132쪽)

13) 과자를 만드는 일 (▶118쪽)

15) 물체의 뒤에서 카메라로 비치는 빛 (▶109쪽)

17) 잘못을 알았으면 고치기를 꺼리지 말라 (▶127쪽)

19) 복종하여 붙어 있음 (▶135쪽)

21) 종교를 바꾸는 것 (▶124쪽)

22) 강제로 사람을 모으는 것은 '강제 ○○'
   (▶117쪽)

세로 열쇠

1) 형광물질을 이용해 빛을 내는 등 (▶109쪽)

2) 사물에 붙어 있는 성질 (▶135쪽)

3) 사용한 양에 따라 요금을 내는 제도 (▶119쪽)

4) 재산을 물려 받은 사람 (▶133쪽)

7) 볼거리가 있는 곳 (▶111쪽)

8) 한 사건에 대하여 세 번 재판받을 수 있는
   '○○○도' (▶119쪽)

9) 출입을 제한하는 구역 (▶116쪽)

12) 폐간된 잡지가 다시 발행되는 일 (▶134쪽)

14) 지난날의 잘못을 고쳐 착하게 됨 (▶127쪽)

16) 일제강점기 때 빼앗긴 나라를 찾기 위해 싸운
   군대 (▶111쪽)

18) 나쁜 점을 보완하여 좋게 고친 품종 (▶125쪽)

20) 기계 따위의 움직임을 멈춤 (▶116쪽)

둥글 **원**

쟁반같이 둥근 원

기본어휘 잡기

위 그림의 공통점은 무엇일까요? 맞아요, 둥글다는 것이지요. '둥근 것'은 원(圓)이에요. 그리고 둥근 모양은 원형(圓形)이라고 해요. 그러니까 지구, 보름달, 축구공, 접시 모두 원형이지요.

원형인 것에는 어떤 게 있을까요? 축구나 야구 경기를 보러 경기장에 가 본 적이 있나요? 야구나 축구 경기장은 원형이랍니다. 원형경기장(競技場)은 원 모양으로 만든 경기장이에요. 관람석이 경기장을 둥글게 감싸고 있어야 모든 사람이 여러 각도에서 경기를 잘 구경할 수 있지요.

연극이나 콘서트 같은 공연을 하는 원형극장(劇場)도 있습니다. 역시 무대의 모든 면을 관람석으로 둥글게 두른 극장이에요. 원형극장은 주로 야외에 설치돼요.

그림, 원형의 탁자는 뭐라고 할까요? (　　　)

① 원고지　　　② 원탁　　　③ 원두막　　　④ 원숭이

圓	둥글 **원**

- **원형**(圓 形모양 형)
  둥근 모양
- **원형**경기장(圓形 競다툴 경
  技재주 기 場마당 장)
  원 모양으로 만든 경기장
- **원형**극장(圓形 劇연극 극 場)
  무대 주변을 관람석으로 둥글게 두른 극장

🟤 콜로세움

로마의 원형경기장을 '콜로세움'이라고 해요. 이 경기장에서 검투사들이 다른 검투사들이나 사나운 야수와 격투를 벌였죠.

답은 ② 원탁(圓卓)입니다. 원탁은 주로 회의를 할 때 쓰지요. 그러면, 왜 굳이 둥근 탁자를 쓸까요? 지위의 높고 낮음을 따지지 않고 서로 평등하다는 의미로 그렇게 해요. 즉, 높은 사람이 앉는 상석을 없애고 동등하게 앉기 위해서입니다. 원은 둥글어 어디가 처음이고 끝인지 알 수 없으니까, 원탁에 앉으면 모두가 평등하지요. 그래서 각 나라의 정상들이 정치 회담이나 정상회담을 할 때에도 원탁을 사용한답니다.

<table>
<tr><td>圓</td><td>둥글 원</td></tr>
</table>

- **원탁**(圓 卓탁자 탁)
  둥근 탁자
- **원무**(圓 舞춤 무)
  둥글게 둘러서서 추는 춤
- **원반**(圓 盤접시 반)
  접시같이 둥글고 넓적하게 생긴 물건
- **원반형**(圓 盤 形모양 형)
  원반 모양
- **원판**(圓 板판자 판)
  둥근 널빤지

우와~ 아이들이 강강술래를 추고 있네요.

정말 흥겹지요? 강강술래는 한가위 때 여럿이 손을 잡고 둥글게 돌면서 추는 춤이에요. 그래서 □□라고 해요. 빈칸에 알맞은 말은 무엇일까요? (   )

① 막춤   ② 댄스   ③ 고무   ④ 원무

둥글게 둘러서서 추는 춤을 원무(圓舞)라고 해요. 옛날 사람들은 하늘에 둥그렇게 떠서 세상을 밝혀 주는 태양과 달을 신성하게 여겨 둥근 모양을 숭배했어요. 그래서 해와 달의 둥근 모양을 본뜬 원무를 많이 추었지요.

접시같이 둥글고 넓적하게 생긴 것은 원반(圓盤)이라고 해요. 원반 모양은 원반형이지요.

그럼, 다트 판처럼 생긴 것은 무엇이라고 할까요? (   )

① 원판   ② 원통   ③ 원뿔

답은 ①번 원판(圓板)이에요. 다트 판은 평평하고 얇은 판자로 둥글게 만들지요. 이렇게 둥근 널빤지를 원판이라고 해요.

 **비행접시**

영화 같은 데서 외계인이 타는 우주선을 비행(飛날 비 行갈 행) 접시라고 하지요? 접시 모양으로 생겼기 때문에 그렇게 부른답니다.

원 圓   동그라미, 둥글다

둥근 원 圓

모두에게 케이크를 똑같이 나눠 주려면 어떻게 잘라야 할까요? 그렇죠, 중심을 맞춰서 자르면 돼요. 오른쪽 그림처럼요.

케이크를 자른 선을 보면 길이가 모두 같지요? 이렇게 원은 중심에서 같은 거리에 있는 무수히 많은 점들을 이은 도형이에요. 원의 둘레를 원주(圓周)라고 해요.

원 위에 똑바로 기둥을 올리면 원기둥이 돼요. 케이크도 원기둥이죠. 원기둥은 둥근 통 모양이라서 원통(圓筒)이라고도 불러요.

그럼, 아이스크림 콘과 같이 밑면은 원이고 위는 한 점으로 뾰족하게 모아지는 입체는 뭘까요? (　　　)

① 사슴뿔　　　② 고뿔　　　③ 원뿔　　　④ 소뿔

네, 맞아요. 원뿔이에요. 밑면이 원이고 끝이 뿔처럼 생겼으니까 원뿔이지요. 다른 말로 원추(圓錐)라고 합니다.

훌라우프를 힘주어 누르면 옆으로 길쭉해지지요? 이렇게 옆으로 길쭉한 원을 타원(楕圓)이라고 해요. 타원 모양은 타원형이지요.

활쏘기의 과녁판을 잘 보세요. 큰 원 안에 작은 원, 그 안에 또 작은 원이 그려져 있지요? 이렇게 같은 중심을 가진 둘 이상의 원을 동심원(同心圓)이라고 합니다. 물 위에 돌을 던지면 물결이 동심원을 그리면서 퍼져 나가지요.

圓	둥글 원

- 원주(圓 周둘레 주)
  원의 둘레
- 원통(圓 筒통 통)
  둥근 통
- 원추(圓 錐송곳 추) = 원뿔
  밑면은 원이고 위는 한 점으로 뾰족하게 모아지는 입체
- 타원(楕길고둥글 타 圓)
  옆으로 길쭉한 원
- 타원형(楕圓 形모양 형)
  타원 모양
- 동심원
  (同같을 동 心중심 심 圓)
  동일한 중심을 갖고 있는 둘 이상의 원

콩이가 친구들의 인기를 독 차지했나 봐요. 왜 인기가 있을까요? 빈칸에 들어갈 말은? (　　)

① 원만　　② 불만

③ 그만　　④ 원활

圓	원만할 **원**

- **원**만(圓 滿가득할 만)
  성격이 모난 데가 없이 부드럽고 너그러움
- **원**활(圓 滑미끄러울 활)
  일이 매끄럽게 잘되어 감
- **원**숙(圓 熟익을 숙)
  인격이나 지식 따위가 무르익음
- **원**각(圓 覺깨달을 각)
  부처의 원만한 깨달음, 완전한 깨달음
- **원**불교
  (圓 佛부처 불 敎종교 교)
  원의 진리를 수행의 표본으로 삼는, 불교의 한 종파

성격이 원만해서겠지요? 원만(圓滿)은 성격이 모난 데가 없이 부드럽고 너그럽다는 말이에요. 이렇게 원(圓)은 '온전하다', '원만하다' 라는 뜻으로도 쓰여요. 둥근 것은 모난 데가 없으니까 원만하지요.

'원활' 도 아주 틀린 답은 아니에요. 모난 데가 없고 원만한 것을 원활(圓滑)하다고 하거든요. 하지만, 사람의 성격보다는 주로 일이 매끄럽게 잘되어 가는 것을 가리킬 때 쓰는 말이에요. 한편, 원숙(圓熟)은 인격이나 지식 따위가 무르익은 것을 뜻해요.

끝없이 돌고 도는 원은 불교에서 윤회(인생이 돌고 돈다는 뜻)의 의미를 갖습니다. 부처의 깨달음은 원각(圓覺)이라고 해요. 좀 어려운가요? 일그러지거나 모난 데가 없는 원처럼 '완전한 깨달음' 을 나타내는 말이지요.

원불교(圓佛敎)라고 들어봤나요? 원불교는 원의 진리를 수행의 표본으로 삼는 종교예요. 원불교의 동그라미는 완전한 진리를 나타낸답니다. 또, 모난 데가 하나도 없는 부처의 마음을 나타내기도 한대요.

그래프는 통계 낼 때 결과를 쉽게 알아보기 위해 사용하지요. 결과가 어떤 비율로 흩어져 있는지를 알아보는 데에는 원그래프가 가장 좋아요. 원그래프는 전체에 대한 각 부분의 비율을 원에 나타낸 그래프예요.

콩이네 학급에서 반 아이들의 혈액형이 어떤 비율로 흩어져 있는지를 조사한다고 하네요. 먼저, 반 아이들 50명을 대상으로 혈액형을 조사했어요. 콩이가 조사 결과를 표로 잘 정리했네요.

오른쪽 선생님의 질문에 대한 답은? 25명인 A형이지요. 이제 학생들이 어떤 그래프를 그릴지 토론하네요.

혈액형	학생 수
A	25
B	10
O	10
AB	5

 : 막대그래프는 혈액형별로 비교할 수는 있지만, 비율을 알아볼 수는 없어.

: 띠그래프는 비율을 한 띠에 나타내서 좋긴 한데, 한눈에 잘 안 들어와.

결국 아이들이 선택한 것은 원그래프입니다. 원그래프를 그리려면 먼저 백분율을 구해야 해요. 그러면 A형은 50%, B형은 20%, O형은 20%, AB형은 10%가 돼요.

자, 이제 원그래프를 그려 볼까요? 컴퍼스를 사용해서 한 끝점을 고정시킨 채 다른 한 끝점을 한 바퀴 돌리면 원을 그릴 수 있어요. 잠깐, 각 비율을 표에 나타내려면 원의 중심각을 알아야 해요. 중심각은 비율에 360을 곱하면 돼요. 그러면, A형은 $180°$, B형은 $72°$, O형은 $72°$, AB형은 $36°$가 되지요.

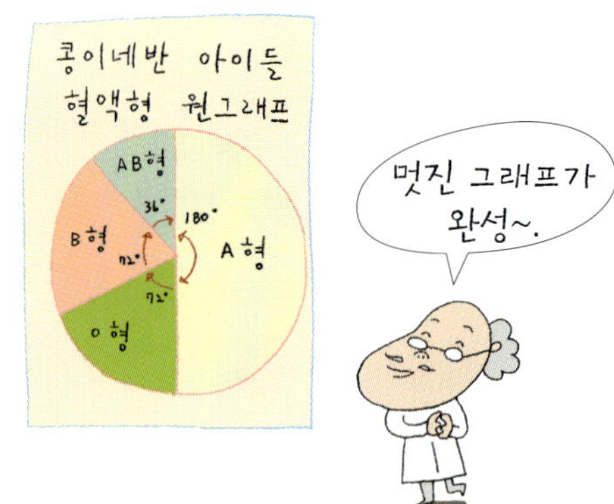

낱말상자

■ **원(圓)그래프** 전체에 대한 부분의 비율을 원에 나타낸 그래프   ■ **비율(比**견줄 비 **率**비례 율**)** 다른 수나 양에 대한 어떤 수나 양의 비

원주율(圓周率)은 원둘레(원주)와 지름의 비를 말합니다.

그럼, 여기서 문제! 원주율은 그리스 문자 □라고 표시

해요. 빈칸에 들어갈 문자는 뭘까요? (　　　)

① r　　　　② π　　　　③ a　　　　④ k

어려웠나요? 답은 ② π예요. '파이'라고 읽지요. π는 '둘레'를 뜻하는 그리스어의 머리글자예요. 원주율은 약 3.14예요. 어느 원이나 원주율은 같아요.

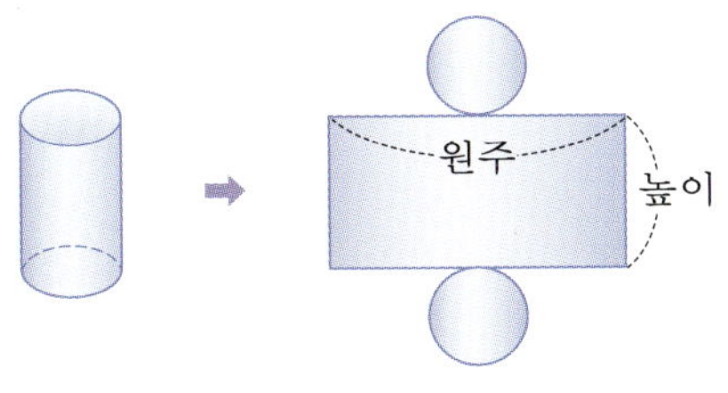

원주율은 원둘레와 지름의 비라고 했지요? 그러니까 지름이 1이면 원둘레는 약 3.14이고, 지름이 2이면 원둘레는 약 6.28이 돼요. 정말로 그런지 간단히 실험해 볼까요? 준비물도 간단해요. 깡통과 실만 있으면 돼요. 왼쪽의 그림처럼 깡통 둘레를 실로 감아 보아요. 그런 다음, 실을 펴서 길이를 재 보면 실의 길이가 깡통 지름의 약 3.14배가 되는 것을 알 수 있지요.

원주율을 이용해서 이번에는 원의 넓이를 구해 볼까요? 원의 넓이＝반지름×반지름×원주율

원주율을 알면 원기둥의 겉넓이도 구할 수 있어요. 원기둥은 원으로 이루어진 두 개의 밑면과 직사각형인 하나의 옆면으로 이루어져 있습니다. 따라서 원기둥의 겉넓이는 두 개의 원의 넓이와 하나의 옆면의 넓이를 구해서 더하면 되지요.
원기둥의 겉넓이＝원의 넓이×2＋옆면의 넓이

낱말상자

■ **원주율**(圓周率) 원둘레와 지름의 비　　　■ **지름** 원의 중심을 지나면서 원둘레의 두 점을 잇는 선분

1 빈칸에 공통으로 들어갈 말은 무엇인가요? (   )

> • 보름달은 둥근 ☐ 모양이에요.
>
> • 야구장은 관람석이 경기장을 둥글게 감싸고 있는 ☐형경기장이에요.
>
> • ☐탁에 앉아 회의를 하는 건 모두가 평등하다는 뜻이지요.
>
> • 사람들이 빙 둘러서 구경하는 무대는 ☐형 무대예요.

2 오른쪽 그림의 빈칸에 들어갈 낱말은? (   )

① 원무   ② 골무
③ 단무지   ④ 햇무

3 모양과 낱말을 바르게 연결하세요.

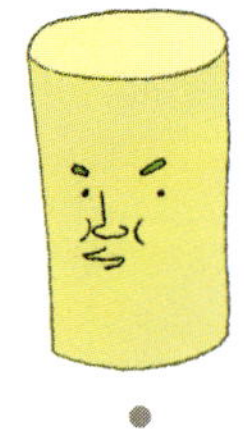

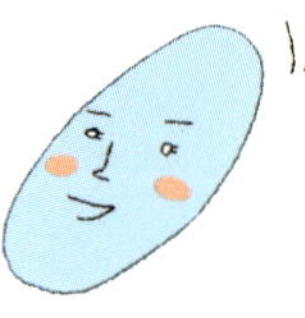

타원   원뿔   원기둥

4 낱말과 낱말의 뜻을 바르게 연결하세요.

1) 원활   •　　　　• 성격이 모난 데가 없이 부드럽고 너그러움

2) 동심원 •　　　　• 일이 매끄럽게 잘되어 나감

3) 원숙   •　　　　• 인격이나 지식 따위가 무르익음

4) 원만   •　　　　• 같은 중심을 가진 둘 이상의 원

5 전체에 대한 각 부분의 비율을 한눈에 알아볼 수 있는 그래프는? (　　　)

① 원그래프   ② 막대그래프

③ 꺾은선그래프   ④ 그림그래프

6 원에 대한 콩이의 아래 설명 중, 옳은 것을 두 가지 고르면? (　　，　　)

① 지름은 반지름의 절반입니다.

② 원둘레는 지름의 3.14배예요.

③ 원주율은 원마다 값이 다 달라요.

④ 원주율은 원둘레와 지름의 비를 말해요.

7 각 설명에 해당하는 낱말을 글자판에서 찾아 ○표 하세요.

1) 원의 둘레

2) 부처의 원만한 깨달음

3) 둥근 통 모양. 원기둥의 다른 말

4) 원의 진리를 수행의 표본으로 삼는 종교

5) 원의 중심을 지나면서 원둘레의 두 점을 잇는 선분

지	원	주	안	계
선	불	서	관	설
수	교	림	형	조
원	통	모	지	름
각	표	노	선	도

成
이룰 성

천하무적 로봇 완성!

과연 로봇이 지구를 지킬 수 있을까요? 위 그림의 빈칸에 들어갈 말은 무엇일까요? (   )

① 완성   ② 태권V   ③ 건담   ④ 마징가

네, ① 완성이지요. 완성(完成)은 완전히 다 이루었다는 말이에요. 그러니까 아이가 만든 조립 로봇은 완성작인 셈이지요. 미처 다 이루지 못한 것은 미완성입니다. 이렇게 성(成)은 이루다를 뜻해요.

뜻한 바를 이룬 것은 성공(成功)이라고 해요. 성공은 크게 할수록 좋겠지요? 크게 성공한 것은 대성(大成)이라고 합니다. 뜻한 바를 크게 이루었다는 말이지요.

뜻한 바를 이루려면 남에게 찬성(贊成)받을 만한 일을 해야겠지요? 찬성은 어떤 행동이나 견해, 제안 따위가 옳다고 판단하여 뜻을 같이하는 것이에요. 찬성의 반대말은 '반대'입니다. 반대는 거스르는 것이지요.

成	이룰 성

- 완성(完완전할 완 成)
  완전히 다 이룸
- 완성작(完成 作작품 작)
  완성된 작품
- 미완성(未아닐 미 完成)
  미처 다 이루지 못함, 완성하지 못함
- 성공(成 功공 공)
  뜻한 바를 이룸
- 대성(大클 대 成)
  뜻한 바를 크게 이룸
- 찬성(贊도울 찬 成)
  행동이나 견해, 제안 따위가 옳다고 판단하여 뜻을 같이함

콩이네 반 아이들이 각자 작성한 것에 대해 말하고 있어요. 다음 중, <u>어색한</u> 말을 하는 친구는 누구일까요? (　　　)

미현 : 난 오늘 아침에 엄마 대신 아침밥을 작성했어.

준수 : 난 선생님과 함께 모범 답안지를 작성했어.

철민 : 난 학교신문에 실을 기사를 작성했어.

혜영 : 난 이번 여름방학의 계획표를 작성했어.

작성(作成)은 서류, 원고, 계획 따위를 만들거나 운동 경기 따위에서 기록에 남길 만한 일을 이루어 낸 것을 말해요. 아침밥은 짓는 거지 작성하는 게 아니에요. 그러니 미현의 말이 어색하네요.

형성(形成)은 어떤 꼴을 이루게 하는 것, 또는 어떤 꼴이 이루어지는 것을 말해요. '인격 형성', '산맥 형성' 같은 식으로 쓰지요. 조성(造成)은 힘이나 기술 따위를 들여 무엇을 만들어 내는 것이에요. '공원 조성', '분위기 조성' 같은 말이 그 보기이지요. 그럼, 생성(生成)은 무엇일까요? 새롭게 이루어지는 것, 즉 없던 것이 생겨나는 것을 생성이라고 해요.

成	이룰 성

- 작성(作지을 작 成)
  서류·원고·계획 등을 만듦, 기록에 남을 만한 일을 이룸
- 형성(形모양 형 成)
  꼴을 이루게 함, 꼴 이루어짐
- 조성(造만들 조 成)
  힘이나 기술을 들여 만들어 냄
- 생성(生낳을 생 成)
  새롭게 이룸, 생겨남
- 구성(構얽을 구 成)
  부분이나 요소들을 모아서 전체를 짜 이룸
- 구성비(構成 比비율 비)
  전체를 구성하는 각 부분이나 요소의 비율

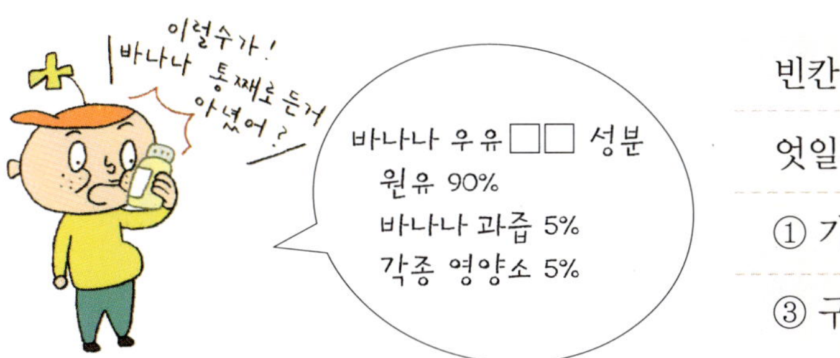

빈칸에 들어갈 말은 무엇일까요? (　　　)

① 가짜　　② 구성

③ 구두　　④ 거짓

맞아요, ② 구성이에요. 구성(構成)은 몇 가지 부분이나 요소들을 짜 맞추어 전체를 이루는 것을 말해요. 바나나 우유는 원유, 바나나 과즙, 각종 영양소로 구성되었지요. 그리고 원유 90%, 바나나 과즙 5%, 영양소 5%와 같이 전체를 구성하고 있는 각 부분이나 요소의 비율은 구성비라고 해요.

성 成　이루다, 만들어 내다

천하무적 로봇 완성!

그럼, '구성 성분'에서 '성분'은 무엇을 뜻할까요? 성분(成分)은 전체를 이루는 부분들을 가리킵니다. 원유, 바나나 과즙, 각종 영양소 성분이 한데 모여 바나나 우유를 이루고 있는 것이지요. 여기서도 성(成)은 '이루다'라는 뜻으로 쓰였지요. 바람직한 결과를 이루는 것은 성과(成果), 뜻한 바를 이루는 것은 달성(達成)이라고 합니다.

둘 이상의 것을 합쳐서 새로운 것을 만들어 내는 것은? (　　)

① 힙합　　② 합창

③ 합격　　④ 합성

답은 ④ 합성(合成)이에요. 화학 물질을 합성해서 만든 세제는 합성 세제, 합성해서 만든 사진은 합성 사진이지요.

합성은 생물이 간단한 것들을 이용해 구조가 복잡한 물질들을 만들어 내는 것을 가리키기도 해요. 녹색 식물이 빛과 물, 이산화탄소를 이용해 녹말을 만들어 내는 과정을 광합성(光合成)이라고 하는 것이 그 보기이지요.

기성(旣成)은 이미 만들어 놓은 것입니다. 이미 만들어 놓은 옷은 기성복, 이미 만들어 놓은 제품은 기성품이지요.

成	이룰 성

- 성분(成 分부분 분)
  전체를 이루는 부분
- 성과(成 果결과 과)
  바람직한 결과를 이룸
- 달성(達이룰 달 成)
  뜻한 바를 이룸
- 합성(合합할 합 成)
  둘 이상의 것을 합해 새로운 것을 이룸
- 합성 세제
  (合成 洗씻을 세 劑약 제)
  합성해서 만든 세제
- 합성 사진
  (合成 寫베낄 사 眞참 진)
  합성해서 만든 사진
- 기성(旣이미 기 成)
  이미 이루어짐
- 기성복(旣成 服옷 복)
  이미 만들어 놓은 옷
- 기성품(旣成 品물건 품)
  이미 만들어 놓은 제품

이런 말도 있어요

자수성가(自手成家)는 물려받은 재산 없이 혼자 힘으로 집안을 일으키고 재산을 모은 것을 말해요. 부모의 도움 없이 크게 성공한 사람을 가리킬 때 주로 쓰는 말이지요. 그러니까 자수성가한 사람은 노력형 인간이라고 할 수 있어요.

애벌레가 번데기를 거쳐 멋진 나비가 되었어요. 나비는 다 자란 벌레니까 성충(成蟲)이에요. 다 자란 벌레는 성충, 다 자란 사람 즉 어른은 성인(成人)이지요. 자라서 어른이 되어 가는 것을 성장(成長)이라고 해요. 이렇게 성(成)은 '다 자라다' 라는 뜻도 가지고 있습니다.

성장하는 동안, 즉 자라는 시기는 성장기라고 해요. 성장기를 거치면 다 자라서 장성(長成)하지요. 이렇게 장성하여 몸과 마음이 어른스러워지는 것을 성숙(成熟)이라고 해요.

그럼, 성장기에 겪는 고통은 뭐라고 할까요? (　　　)

① 성장통　　　② 배고픔　　　③ 사춘기　　　④ 스트레스

답은 ① 성장통이에요. 성장통은 특별한 신체적 이상이 없는데도 무릎이나 허벅지, 팔 등이 아픈 증세예요. 뼈가 급속히 자라면서 근육이 눌려서 아픈 거지요.

그럼 성인병(成人病)은 뭘까요? 성인만 걸리는 병이 따로 있다는 말일까요? 음…, 비슷해요. 주로 중년 이후에 문제되는 병을 통틀어 성인병이라고 해요. 동맥경화, 고혈압, 당뇨병, 백내장, 심근 경색증, 뼈의 퇴행성 변화 따위가 있어요.

成	다 자랄 성

■ 성충(成 蟲벌레 충)
다 자란 벌레

■ 성인(成 人사람 인)
다 자란 사람＝어른

■ 성장(成 長어른 장)
자람

■ 성장기(成長 期기간 기)
성장하는 기간

■ 성장통(成長 痛고통 통)
성장기에 겪는 고통

■ 장성(長어른 장 成)
자라서 어른이 됨

■ 성숙(成 熟익을 숙)
몸과 마음이 어른스러워짐

■ 성인병(成 人 病질병 병)
중년 이후에 문제 되는 병을 통틀어 이르는 말

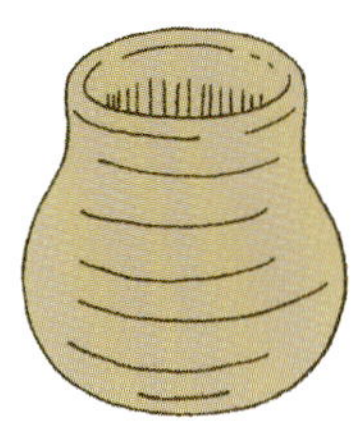  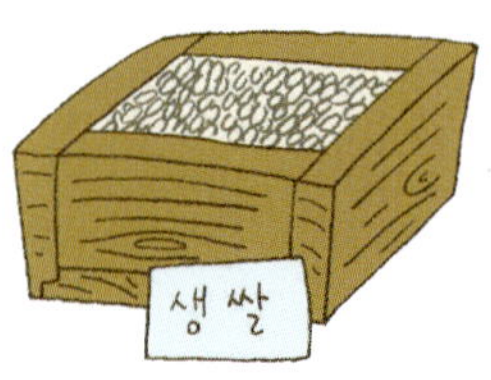

　위의 물건들이 공통으로 가진 특징은 무엇일까요? 곰곰이 생각해 보세요. 이 물건들의 특징 가운데 하나는 열을 가하면 모양이 변한다는 거예요. 진흙으로 빚은 그릇을 가마에 넣고 열을 가하면 도자기가 되지요. 또, 구겨진 옷에 열을 가해 다리면 펴지지요. 생쌀에 열을 가하면 맛있는 쌀밥이 되고요.

　이렇게 힘이나 열을 받아 모양이나 성질이 변하는 것을 변성(變成)이라고 해요. 그럼, 바위 같은 암석도 열을 받으면 변할까요? 물론이지요. 열, 압력에 의해 성질이 변하게 됩니다.

　이렇게 열과 압력에 의해 '성질이 변해 만들어진 암석'을 뭐라고 할까요? (　　　)

① 변성기　　　　　② 변성암　　　　　③ 변 사또　　　　　④ 변기통

　네, 변성암(變成巖)이라고 해요. 오랫동안 열이나 압력을 받으면서 성질이 서서히 변해 이루어진 암석이지요. 그럼, 변성암이 생기는 과정을 간단하게 실험해 볼까요?

　왼쪽 그림처럼 색색의 고무 찰흙을 준비하세요. 동글동글 빚어 찰흙 암석을 만드세요. 한 가지 색이 하나의 암석이 되는 거예요.

　그리고 층층이 쌓고 손으로 눌러 보세요. 손으로 누르는 힘이 바로 열이나 압력 같은 외부의 힘이 되는 것이지요.

자, 어때요? 찰흙 암석이 눌려 새로운 모습이 되었죠? 변성암이 된 것이에요. 고무찰흙의 단면을 잘라 보면 동그랗던 찰흙 암석이 줄무늬로 바뀐 것을 볼 수 있어요. 실제의 변성암도 줄무늬가 있고 어두운 색과 밝은 색이 번갈아 나타나지요.

대표적인 변성암으로는 대리암과 규암을 꼽을 수 있어요.

석회암   대리암   사암   규암

이룰 성(成) 자가 들어간 또 다른 암석으로 '화성암'이 있습니다. 화성암(火成巖)은 화산 활동으로 분출된 마그마가 굳어져 만들어진 암석을 말합니다. 색깔이 예쁘고 내구성이 좋아서 건축물의 바깥을 꾸미는 데 많이 사용되지요. 대표적인 화성암으로는 현무암과 화강암이 있어요.

현무암

화강암

현무암은 마그마가 땅 위에서 갑자기 식어서 굳은 암석이에요. 마그마 속의 기체가 날아가면서 생긴 구멍이 많이 나 있지요. 밝은 색을 내는 규소 성분이 적고, 철·마그네슘이 많이 들어 있어 어두운 색을 띠지요. 제주도는 현무암이 많기로 유명하죠.

화강암은 마그마가 땅 속 깊은 곳에서 서서히 식어 굳어져 된 암석이에요. 기체가 미처 빠져 나오지 못해서 구멍이 없고, 규소 성분이 많아 밝은 색을 띠지요.

🍒 낱말상자

■ **변성**(變변할 변 成) 모양이나 성질에 변화가 이루어짐

■ **변성암**(變成巖바위 암) 열과 압력에 의해 성질이 변한 암석

■ **화성암**(火불 화 成巖) 화산 활동으로 분출된 마그마가 굳어져 이루어진 암석.

1 괄호 안에 들어갈 말을 보기에서 찾아 문장을 완성하세요.

> **보기**　　　완성　　성공　　조성　　작성　　찬성

1) 열심히 노력한 사람이 (　　　)해요.

2) 이 그림이 (　　　)되면 너한테 줄게.

3) 우리 마을에 새 공원을 (　　　)한대.

4) 반대한 사람보다 (　　　)한 사람이 더 많아요.

5) 내일까지 '나의 장래 희망'이란 주제로 글을 (　　　)해 오세요.

2 사다리를 따라 내려가세요. 보기에서 알맞은 낱말을 찾아 빈 자리에 써넣으세요.

> **보기**　　　성과　　대성　　변성　　성분

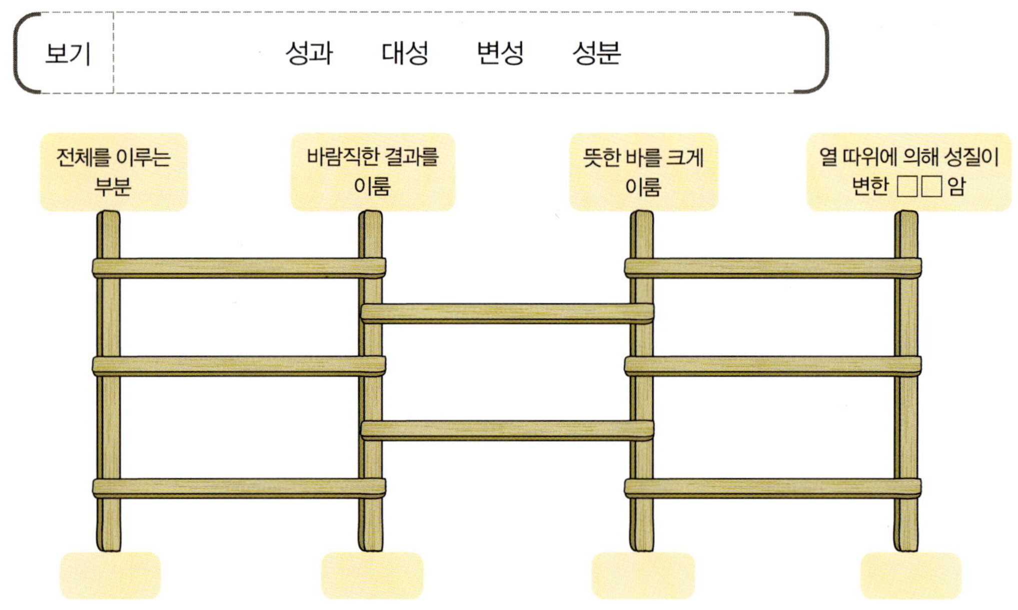

3 빈칸에 공통으로 들어갈 말은 무엇일까요? (　　　)

> 엄마 : 요새는 □□복도 맞춤옷 같아.
>
> 딸 : 옛날 같지 않아서 □□품이 품질도 좋아.

① 기성　　　　　② 괴성　　　　　③ 야성　　　　　④ 산성

어휘력 다지기

4 다음 중, '합성'이 붙어서 <u>어색해진</u> 말은? (   )

① 합성 사진   ② 합성 세제

③ 합성 그림   ④ 합성 사람

5 아래의 밑줄 친 내용을 통해 본 놀부는 어떤 사람인지, 빈칸에 들어갈 말을 고르세요. (   )

> 흥부 : 형님이 성격은 고약하지만, 혼자 힘으로 우리 집안을 일으켰어.
>
> 흥부 아내 : 고생해서 그만한 재산을 모았으니…, 하지만 심술궂지요.
>
> * 놀부는 □□□□한 사람입니다.

① 자아도취   ② 자기만족

③ 자수성가   ④ 자나깨나

6 '나'는 누구일까요? (   )

> 나는 다 자란 벌레예요. 애벌레에서 번데기를 거쳐 지금의 모습이 되었어요.
> 나는 누구일까요?

① 장성   ② 성숙   ③ 성장   ④ 성충

7 다음 중, 적절치 <u>않은</u> 설명은? (   )

① 자라면서 겪는 고통은 성장통입니다.

② 중년 이후에 문제 되는 병은 성인병이에요.

③ 다 자라서 어른이 된 것을 장성이라고 해요.

④ 몸과 마음이 어른스러워지는 것은 성깔입니다.

위 그림들은 모두 무엇과 관계가 있나요? 네, 맞아요! 청소지요. 청소(淸掃)는 더러운 곳을 쓸고 닦아 맑고 깨끗하게 만드는 거예요. 청결을 위해선 꼭 청소를 해야죠. 청결(淸潔)은 맑고 깨끗하다는 뜻이에요. 북한에서는 청소와 청결이 같은 말이래요.

청(淸)은 맑고 깨끗하다를 뜻해요. '물[氵:물 수변]이 푸르다[靑 : 푸를 청]'라는 말에서 왔대요. 깨끗하고 푸른 물이 떠오르지 않나요?

청정(淸淨)도 맑고 깨끗하다는 말이에요. 맑고 깨끗한 물이 흐르는 곳을 청정 수역, 환경을 오염시키지 않는 깨끗한 에너지를 청정 에너지라고 하지요.

청산(淸算)은 셈을 깨끗이 정리하는 거예요. 빚이나 나쁜 과거 같은 것을 깨끗이 갚는다는 뜻으로 자주 쓰이지요. 청심환(淸心丸)은 심장을 맑게 해 주는 약이에요. 노란색 우황을 넣어 만들면 우황청심환이 되지요.

물[氵=水]이 푸르면[靑 푸를 청]
맑은 거죠![淸 맑을 청]

淸	맑을 청

- 청소(淸 掃쓸 소)
  쓸어서 깨끗하게 함
- 청결(淸 潔깨끗할 결)
  맑고 깨끗함
- 청정(淸 淨깨끗할 정)
  맑고 깨끗함
- 청정 수역
  (淸淨 水물 수 域구역 역)
  맑고 깨끗한 물이 있는 구역
- 청정(淸淨)에너지
  맑고 깨끗한 에너지
- 청산(淸 算셈 산)
  셈을 깨끗이 정리함
- 청심환
  (淸 心심장 심 丸알약 환)
  심장을 맑게 해 주는 약

우황은 소의 쓸개 속에 병으로 생긴 덩어리예요. 열을 없애고 독을 풀어 주죠.

제사나 차례를 지낼 때 청주를 올리지요. 청주(清酒)는 찌꺼기가 없도록 맑게 걸러낸 술을 말해요. 거르지 않은 술은 막걸리지요. 막걸리는 빛깔이 흐려요. 손이 많이 가는 청주와 달리, 막걸리는 쉽게 만들 수 있어서 서민들이 즐겨 마시는 술이에요.

시험관에 피를 담아 가만히 두면 층이 생겨요. 아래에는 검붉은 덩어리가, 위에는 노랗고 맑은 액체가 생기죠. 이 맑은 액체를 혈청(血清)이라고 불리요. 이 혈청이 우리 몸에 나쁜 균이 들어오지 못하게 막아 주는 역할을 하지요.

여러분이 좋아하는 마실 거리로 청량음료가 있지요? 청량(清凉)은 맑고 서늘하다는 뜻이에요. '날씨가 청량하다' 라는 말이 있지요. 또 다른 '청량' 도 있어요. 소리가 맑고 깨끗한 것을 청량(清亮)이라고 해요. 발음은 같지만 한자가 다르답니다.

연속극이나 순정만화의 주인공은 착하고 예쁘고 불쌍하지요. 이런 사람을 청순가련(清純可憐)하다고 해요. '청순'은 성격이나 외모가 맑고 순수한 것이죠. 청아(清雅)하다는 말도 있어요. '청아한 목소리' 는 아주 맑고 우아한 목소리를 가리키지요.

清	맑을 청

- 청주(清 酒술 주)
  맑은술
- 혈청(血피 혈 清)
  피의 맑은 부분
- 청량(清 凉서늘할 량)
  맑고 서늘함
- 청량(清 亮밝을 량)
  소리가 맑고 깨끗함
- 청순가련(清 純순수할 순 可가히 가 憐불쌍할 련)
  너무나 맑고 순수해서 불쌍히 여길 만함
- 청아(清 雅우아할 아)
  맑고 우아함

청 清 맑다, 깨끗하다

清	깨끗할 **청**

- **청**백리(清 白흴 백 吏관리 리)
  재물 욕심 없이 깨끗한 관리
  ↔ 탐관오리
- **청**렴(清 廉곧을 렴)
  성품이 맑고 곧음
- **청**렴결백
  (清廉 潔깨끗할 결 白)
  성품이 맑고 곧고 깨끗함
- **청**빈(清 貧가난할 빈)
  성품이 깨끗하고 욕심이 없어 가난함
- **청**풍명월(清 風바람 풍 明밝을 명 月달 월)
  맑은 바람과 밝은 달, 또는 성품이 맑은 사람
- 백년하**청**(百 일백 백 年해 년 河강 하 清)
  백 년이 지나도 황허 강물이 깨끗해지지 않음, 아무리 시간이 흘러도 이루어질 리가 없는 일

清	꿀 **청**

- 조**청**(造만들 조 清)
  사람이 만든 꿀, 묽은 엿
- 석**청**(石돌 석 清)
  돌 사이에서 나는 꿀

헉! 정말 못된 사또로군요. 물론, 착한 사또도 있답니다. 착한 사또는 청백리라고 하죠. 청백리(清白吏)는 재물 욕심 없이 마음이 곧고 깨끗한 관리를 말해요. 반대말은 탐관오리죠.

청(清)은 욕심이 없고 나쁜 마음을 먹지 않는다는 뜻도 지니고 있어요. 청렴(清廉)은 성품이 맑고 곧다는 말이에요. 청렴결백(清廉潔白)이라고도 해요. 청빈(清貧)은 성품이 깨끗하고 욕심이 없어서 가난한 것을 말해요. 청풍명월(清風明月)은 맑은 바람과 밝은 달이에요. 아름다운 자연을 가리키는데, 청렴한 사람을 일컫는 말로도 쓰여요.

백년하청(百年河清)은 중국 황허 강에서 온 말이에요. 황허에는 항상 누런 흙탕물이 흐른대요. 그런 황허가 백 년이 지난들 깨끗해질 리가 있겠느냐는 얘기죠. 그래서 백년하청은 아무리 시간이 흘러도 이루어질 리 없는 일을 빗대는 말로 쓰이지요.

이렇게도 쓰여요

꿀 청(清)

옛날 궁궐에서는 꿀을 청(清)이라 불렀대요. 조청(造清)은 사람이 만든 묽은 엿이에요. 떡을 찍어 먹거나 한과 같은 요리를 만들 때 넣어요. 석청(石清)은 산에 사는 벌이 돌 사이에 모아 둔 꿀이에요. 아주 귀한 것이지요.

청(淸)은 사람, 강과 산, 도시와 나라 이름에 자주 쓰여요. 맑고 깨끗한 사람이나 장소란 뜻으로 쓰는 거죠.

효녀 심청(沈淸)의 이름을 보세요. 성씨인 심(沈)은 '가라앉을 침(沈)'으로도 쓰여요. 이름 안에 착한 심청이가 인당수에 빠진 이야기가 담겨 있군요.

청해진(淸海鎭)은 통일신라의 장보고가 해적을 소탕하고 일본, 중국과 무역하려고 진영을 설치한 곳이에요. 맑은 물살을 가르며 해적을 무찌르던 장보고의 모습이 눈에 보이는 것 같군요.

충청도(忠淸道)는 충주시(忠州市)와 청주시(淸州市)의 이름에서 한 자씩 따와 만든 이름이에요. 충신과 착한 사람이 많은 곳이란 느낌이 팍팍 들지요?

청(淸)나라는 1644년부터 1912년까지 중국을 지배하던 나라예요. 어떤 사람들은 청국장(淸麴醬)이 청나라에서 온 장이라고 하지만, 사실이 아니에요. 청국장은 고구려 때부터 내려오던 우리의 전통 음식이지요. 청나라는 청국장보다 한참 뒤에 생긴 나라예요.

淸 — 깨끗할 청

- **심청(沈 淸)**
  판소리 심청가의 주인공, 지극한 효녀로 앞 못 보는 아버지를 위해 인당수에 빠짐
- **청해진**
  (淸 海바다 해 鎭진영 진)
  장보고가 지금의 완도에 설치한 진영
- **충청도(忠충성 충 淸 道도 도)**
  행정구역의 하나, 충청남도와 충청북도로 나뉨
- **청주시(淸 州고을 주 市시 시)**
  충청북도의 도청 소재지
- **청(淸)나라**
  여진족이 세운 나라, 중국의 마지막 왕조
- **청국장(淸 麴누룩 국 醬장 장)**
  깨끗한 누룩으로 만든 장, 콩을 발효시켜 만든 우리나라 전통 음식

어휘로 개념사냥

다음 중, 오염 물질이 가장 적게 나오는 에너지는 무엇일까요? (　　　)

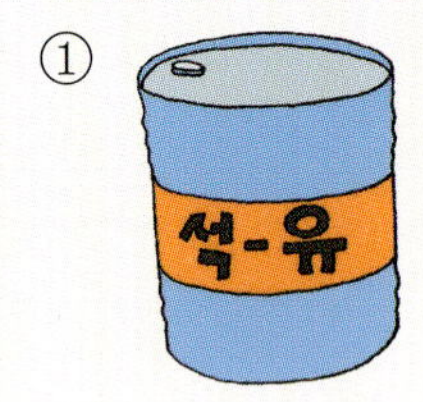

답은 ④번이에요. 석유와 석탄을 쓰면 매연과 이산화탄소가 많이 생겨나요. 원자력 발전에서는 방사능이 있는 폐기물이 발생하고요. 지구 환경을 생각한다면 오염 물질이 적게 나오는 청정에너지를 사용해야 돼요. 청정(淸淨)에너지는 무공해 에너지라고도 해요. 청정에너지에는 어떤 것이 있는지 알아봅시다.

우선, 태양열(太陽熱)이 있어요. 석유, 석탄을 화석 에너지라고 하지요. 화석은 원래 태양열을 받고 자라던 동물이나 식물이었어요. 죽어서 땅 속에 오래 묻혀 있으면서 변해서 화석이 된 것이지요. 이렇듯 태양은 지구 에너지의 원천이랍니다. 그리고 수력(水力)이 있지요. 수력은 작은 물레방아부터 거대한 댐까지 다양하게 사용되고 있어요. 물을 가두었다가 떨어지는 힘을 이용해서 에너지를 얻지요.

지열(地熱)도 있어요. 지구의 내부는 무척 뜨거워요. 땅을 깊이 파서 땅 속 열기를 끌어다 쓰는 것이죠. 뉴질랜드, 이탈리아, 일본에서 지열을 많이 사용한대요. 풍력(風力)은 바람의 힘이지요. 네덜란드의 풍차가 풍력을 이용하는 대표적인 보기지요. 조력(潮力)은 밀물과 썰물 같은 바닷물의 힘을 이용하는 거에요.

태양열과 지열, 풍력, 조력은 모두 청정에너지이지만 아직은

태양열

수력

지열

조력

효율이 낮고 비용이 많이 들어요. 큰돈으로 적은 에너지밖에 얻을 수가 없지요. 그래서 생산 효율을 높이려는 연구가 활발하게 이루어지고 있답니다.

또 다른 청정에너지로 수소(水素)에너지가 있어요. 수소는 물에서 얻을 수 있어요. 아주 풍부하죠. 수소에너지는 일반 연료, 자동차, 비행기, 전지 등 모든 분야에 이용할 수 있대요. 선진국에서는 1970년대부터 수소 에너지를 연구했어요. 우리나라도 1980년대부터 열심히 연구하고 있지요. 아마 미래에는 모두 기름 대신 수소 전지를 넣은 비행기를 타고 다닐 거에요.

액화천연(液化天然)가스도 청정에너지예요. 액화천연가스는 천연가스를 액체로 만든 것인데, 이 과정에서 분진, 황, 질소 등이 제거되어 연소시 공해물질이 거의 발생하지 않는답니다. 에탄이나 메탄 같은 가스의 온도를 아주 낮게 하면 액체가 되지요. 이것을 수송관을 통해 이동시켜서 다시 기체로 만들어 사용해요. 우리가 집에서 사용하는 도시가스가 바로 액화천연가스에요. 가정용 이외에 발전용, 산업용으로도 많이 사용되지요.

낱말상자

- **청정**(淸맑을 청 淨깨끗할 정) 맑고 깨끗함
- **태양열**(太클 태 陽볕 양 熱더울 열) 태양에서 오는 더운 열
- **수력**(水물 수 力힘 력) 물의 힘
- **지열**(地땅 지 熱더울 열) 땅의 열
- **풍력**(風바람 풍 力힘 력) 바람의 힘
- **조력**(潮바닷물 조 力힘 력) 밀물과 썰물의 힘
- **수소**(水물 수 素바탕 소)**에너지** 수소에서 얻는 에너지
- **액화천연**(液즙 액 化될 화 天하늘 천 然그럴 연)**가스** 액체로 변한 자연 그대로의 가스

1 빈칸에 공통으로 들어갈 말은? (   )

- 설마, □백리가 뇌물을 받겠냐?
- 이제 어두웠던 과거를 □산하고 착한 사람으로 돌아오렴.
- 저 주인공은 너무 □순가련해서 좀 청승맞아 보여.
- 누가 제사상에 막걸리를 올리냐? □주를 올려야지.

2 빈칸에 공통으로 들어갈 말은? (   )

: 민지야, 오늘 우리 반 대□□래. 좀 기다렸다 같이 가자.

: 정말? 그런데 너희 반 □□함에서 쥐 나왔다면서?

: 아, 쥐인 줄 알았는데, 자세히 보니까 걸레더라고.

① 청팀   ② 청춘   ③ 청소   ④ 청혼

3 서로 관계있는 것끼리 바르게 연결하세요.

1) 오염 물질이 적게 나오는 에너지   •   • 청정 에너지

2) 콩을 발효시켜 만든 우리 전통 음식 •   • 청심환

3) 심장을 맑게 해 주는 약   •   • 청국장

4) 장보고가 완도에 설치한 진영   •   • 청해진

4 밑줄 친 '청(淸)' 가운데 나머지와 뜻이 다른 것은? (   )

① 청아   ② 청순   ③ 청량   ④ 청각

어휘력 다지기

5 암호를 풀면 낱말이 보여요. 찾은 낱말과 낱말의 뜻을 바르게 연결하세요.

	☆	♣	♡	♨	△	●	♠	◎	□	♪
1	최	종	병	기	판	단	청	바	지	명
2	월	요	일	혈	결	핍	증	수	렴	색
3	고	풍	차	광	견	병	원	장	미	술

1) ♠1 △2 → (   ) •   • 맑고 깨끗함, 청소의 북한말

2) ♠1 □2 → (   ) •   • 성격이 맑고 곧음

3) ♨2 ♠1 → (   ) •   • 피의 맑은 부분

4) ♠1 ♣3 ♪1 ☆2 → (   ) •   • 맑은 바람과 밝은 달

6 십자말풀이를 해 보세요.

가로 열쇠

3) 맑고 시원한 음료, 탄산음료를 일컫기도 함

4) 산에 사는 벌이 돌 틈에 모은 꿀

5) 성품이 맑고 욕심이 없어서 가난함

6) 맑고 깨끗한 물이 있는 구역

세로 열쇠

1) 앞 못 보는 아버지를 위해 인당수에 빠진 지극한 효녀

2) 아주 오랜 시간이 지나도 이루어질 리가 없는 일

5) 빚이나 과거를 정리함

기본어휘 잡기

위 그림의 빈칸에 공통으로 들어갈 말은 무엇일까요? (　　　)

① 복습　　　　② 과목　　　　③ 숙제　　　　④ 시험

답은 ② 과목이지요.

과(科)는 벼 화(禾)와 말 두(斗)가 합쳐진 글자예요. 두(斗)는 '곡식의 분량을 재는 단위' 입니다. 두(斗) 자는 손잡이가 달린 바가지 모양을 본뜬 글자예요. 바가지로 곡식의 분량을 재었던 거죠.

그래서 사람들 사이에서 과(科)는 '벼(禾)를 말[斗]로 재서 나눈다' 라는 뜻으로 통했어요. 그러다가 측량하고, 등급을 나누고, 구분한다는 의미가 덧붙게 되고, 마침내 '과목' 이란 뜻을 갖게 된 거죠.

과목은 학문을 분야별로 갈라 놓은 것이니까요.

중학교에 올라가면 한 선생님으로부터 여러 과목을 배우는 게 아니라 과목별(科目

科	과목 과

■ 과목(科 目 조목 목)
학문을 분야별로 갈라 놓은 것
■ 과목별(科目 別 나눌 별)
과목에 따라 나누어서

別)로 선생님이 따로 있어요. 별(別)은 낱말 뒤에 붙어 '나누어서, ~에 따라' 라는 뜻을 나타내요. 그러니까 '과목별'은 '과목에 따라 나누어서'이지요.

과학은 원래 과거지학(科擧之學)이라고 했어요. 과거는 옛날에 관리를 뽑던 시험이에요. 과거제는 과거로 관리를 선발하던 제도이고요. 그래서 '과거지학'은 원래 과거 시험을 위한 학문이었죠.

우리가 아는 과학의 뜻과는 많이 다르지요? 요즘에는 '과학'이 넓게는 '학문 전체'를, 좁게는 '자연과학'을 가리키는 말로 쓰여요. 세상을 체계적으로 연구하는 학문이라는 말이지요.

교과서의 '과' 역시 과목이란 뜻으로 쓰였어요. 교과서는 가르칠 과목의 내용을 담아 펴낸 책을 말해요. 백과(百科)는 모든 과목이에요. 온갖 분야의 지식을 통틀어 이르는 말이지요. 백과에 큰 대(大)를 붙인 대백과는 '백과'의 뜻을 한층 강조하는 말이죠. 백과사전은 세상의 모든 과목의 지식을 모아 놓은 사전이랍니다.

科	과목 과

- **과학**(科 學학문 학)
  세상을 체계적으로 연구하는 학문 전체, 또는 자연과학
- **과거**(科 擧과거 거)
  관리를 뽑던 시험
- **과거**지학
  (科擧之~의 지 學학문 학)
  과거를 위한 학문
- **과거**제(科擧 制제도 제)
  과거로 관리를 뽑던 제도
- **교과서**
  (敎가르칠 교 科 書책 시)
  가르칠 과목의 내용을 담아서 펴낸 책
- **백과**(百모든 백 科)
  모든 과목, 온갖 분야의 지식
- 대**백과**(大클 대 百科)
  '백과'의 뜻을 강조하는 말
- **백과**사전
  (百科 事일 사 典책 전)
  모든 과목의 지식을 모아 놓은 사전

형벌의 과(科)

과(科)가 형벌이나 범죄를 뜻하기도 해요. 전과(前이전 전 科 형벌 과)는 이전에 형벌을 받은 일을 말하고, 전과자(前科 者사람 자)는 전에 죄를 저질러서 형벌을 받은 일이 있는 사람을 가리키지요.

과 | 科 과목

교과서는 학교에서 배우는 책이지요. 그렇다면 교과(敎科)는 무엇일까요? 교과란 학교에서 가르치는 과목, 교육 목적에 따라 나누어 놓은 지식의 분야를 말해요. 학교에서 배우는 교과서는 교과별로 나뉘어 있어요. 즉, 교과에 따라 나뉘어 있다는 말이지요. 그럼, 과(科)의 뜻을 생각하면서 빈칸을 채워 볼까요?

사회를 가르치는 선생님은 사회□ 선생님,

과학을 가르치는 선생님은 과학□ 선생님,

도덕을 가르치는 선생님은 도덕□ 선생님,

수학을 가르치는 선생님은 수학□ 선생님,

영어를 가르치는 선생님은 영어□ 선생님.

고등학교에 가면 과를 크게 나누어 선택하게 된답니다. 역사나 철학, 문학에 관심이 있으면 문과(文科)를 선택하지요. 또, 수학이나 과학에 관심이 있으면 이과(理科)를 선택한답니다.

科	과목 과

■ 교과(敎가르칠 교 科)
가르치는 과목

■ 교과별(敎科別)
교과에 따라 나뉨
 • 사회과
 • 과학과
 • 도덕과
 • 수학과
 • 영어과

■ 문과(文글월 문 科)
문학·철학·역사 방면의 학문을 연구하는 분과

■ 이과(理이치 이 科)
자연과학 방면의 학문을 연구하는 분과

학과의 과(科)

대학에 가면 훨씬 더 다양한 공부 분야가 있답니다. 왼쪽 그림의 형은 국문과에 가고 싶은 모양이에요. 이렇게 어떤 학문 분야에 '~과'를 붙이면 그 학문을 가르치고 배우는 학과(學배울 학 科)를 말한답니다.

科	과목 과

- 이비인후과(耳귀 이 鼻코 비 咽목구멍 인 喉목구멍 후 科)
  귀, 코, 목과 관계있는 병을 치료하는 병원의 한 분과
- 안과(眼눈 안 科)
  눈을 치료하는 과
- 치과(齒이 치 科)
  이를 치료하는 과
- 소아과
  (小작을 소 兒아이 아 科)
  어린이의 병을 치료하는 과

귀가 아프면 이비인후과에 가고 눈이 아프면 안과에 가야겠지요. 충치가 생기면 치과에 가지요. 갓난아기들이 아프면 어디에 갈까요? 소아과에 가야겠지요?

사람 몸의 부위에 따라 치료하는 곳도 달라져요. 몸의 어느 부위를 고치는가에 따라 진료하는 과가 나뉘지요. 이때도 분류해 놓은 분과라는 뜻의 과(科)를 써요.

학교의 교과와 병원 말고도 체계적으로 분류해야 할 것들이 아주 많아요. 동물들과 식물들도 종류가 셀 수 없이 많아서 체계적으로 분류해야 해요. 그래야 각각의 동식물에 대해 더 잘 알 수 있답니다.

예를 들면, 아주 작은 꽃들도 체계적인 분류법에 따라 나눠진답니다. 아름다운 난초들은 난과 식물에 속해요. 난과 식물은 다시 동양란과 서양란으로 나뉘지요. 족제비는 족제빗과에 속하는 동물이에요. 사자는 고양잇과에 속하고요. 동물들도 이렇게 종류에 따라 구분된답니다.

난초

科	법 과

- 금과옥조
  (金금 금 科 玉옥 옥 條법규 조)
  금과 옥처럼 귀중한 규범

금과옥조(金科玉條)는 금이나 옥처럼 귀중히 여겨 지키고 받들어야 할 규범이나 교훈을 말해요. 여기서 과(科)는 '법' 이라는 뜻으로 쓰였답니다.

1 빈칸에 공통으로 들어갈 말은 무엇일까요? (   )

> • 중학교에 가면 □목별 선생님이 따로 있대.
>
> • 수학자가 되려면 고등학교에서 이□을(를) 선택해야겠군.
>
> • 동생이 아파서 엄마가 동생과 함께 소아□에 가셨어.
>
> • 나는 '정직'이라는 가훈을 금□옥조로 여기고 있어.

2 보기에서 알맞은 말을 골라, 괄호 안에 써넣으세요.

> 보기　　　　과목　교과서　문과　이과　백과　치과　안과

1) : 저는 국어 (   )을(를) 좋아하긴 하는데, 시험만 치면 점수가 낮아요.

   : 시험 전에 (   )을(를) 집중적으로 읽어. 도움이 될 거야.

2) : 생일날, 부모님께서 (   )사전을 사 주셨어.

   : 마이크로소프트 사의 사장인 빌 게이츠도 그 책 읽는 게 취미래.

3) : 눈이 너무 아픈데 어디로 가야 할까?

   : 그래? 그럼 (   )에 들러 봐.

4) : 난 역사가 좋아.

   : 그럼, 너는 고등학교 가서 (   )을(를) 선택해야겠구나.

3 낱말의 뜻과 낱말을 바르게 연결하세요.

1) 이전에 형벌을 받은 일　　　•　　　　　•　과목

2) 학문을 분야별로 갈라 놓은 것　•　　　　　•　전과

3) 온갖 분야의 지식　　　　•　　　　　•　과거제

4) 과거로 관리를 뽑던 제도　•　　　　　•　백과

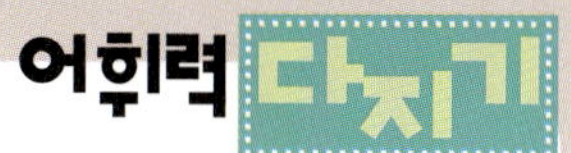

4 금과옥조(金科玉條)에 대한 바른 설명은? (　　　)

① 거리에 떠도는 소문

② 몹시 우악스럽고 사나움

③ 마음속에서 느끼는 감동이나 느낌이 끝이 없음

④ 금이나 옥처럼 귀중히 여겨 지키고 받들어야 할 규범이나 교훈

5 밑줄 친 '과' 가운데 나머지와 뜻이 <u>다른</u> 것은? (　　　)

① 사회<u>과</u>　　　② 실<u>과</u>　　　③ 문<u>과</u>　　　④ <u>과</u>도기

6 다음 중, 바르지 <u>못한</u> 설명은? (　　　)

① 동식물은 과(果)로 분류한다.

② 과(科)에는 '형벌, 범죄'란 뜻도 있다.

③ 과학은 넓게는 '학문 전체'를 가리킨다.

④ 과(科)는 병원의 진료 과목을 나타내는 말로도 쓰인다.

7 화살표를 따라가며 글자를 모아 보세요. (⬜⬜⬜⬜) (⟶ 예　⟶ 아니오)

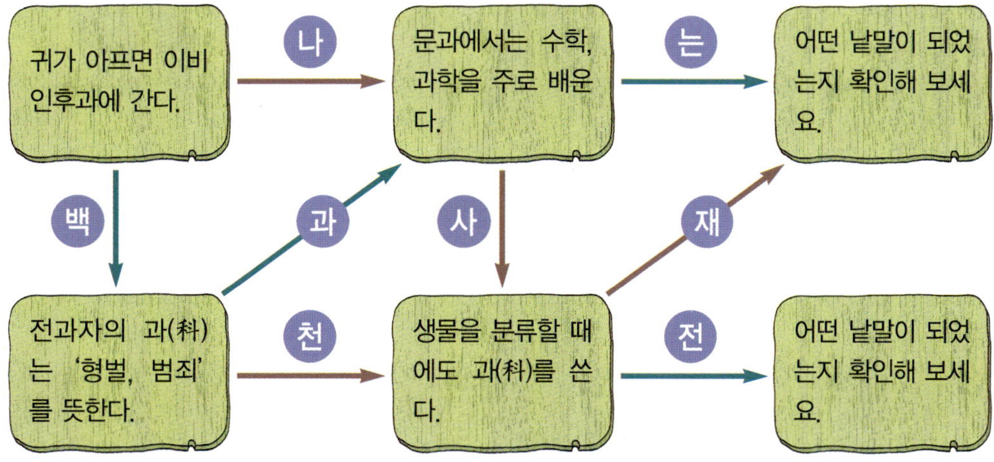

정답과 해설 16쪽

가로 열쇠

2) 같은 중심을 갖고 있는 둘 이상의 원 (▶ 142쪽)

4) 모든 과목의 지식을 모아 놓은 사전 (▶ 165쪽)

5) 둥근 모양 (▶ 140쪽)

7) 성장하는 기간 (▶ 151쪽)

9) 맑고 깨끗한 물이 있는 구역 (▶ 156쪽)

11) 맑고 깨끗함, 북한에서는 이 말과 청소가 같은 말이래요 (▶ 156쪽)

13) 학문 분야, '나는 의○○에 가서 의사가 되고 싶어' (▶ 166쪽)

14) 전에 죄를 저질러서 형벌을 받은 사실이 있는 사람 (▶ 164쪽)

15) 깨끗한 누룩으로 만든 장, 콩을 발효시켜 만든 우리나라 전통 음식 (▶ 159쪽)

17) 돌 사이에서 나는 꿀 (▶ 158쪽)

20) 청백리의 반대말 (▶ 158쪽)

21) 합성해서 만든 사진 (▶ 150쪽)

세로 열쇠

1) 옆으로 길쭉한 원 (▶ 142쪽)

3) 부처의 깨달음, 완전한 깨달음 (▶ 143쪽)

4) 백 년이 지나도 강물이 깨끗해지지 않음, 아무리 시간이 흘러도 이루어질 리가 없는 일 (▶ 158쪽)

6) 꼴을 이루게 함, 꼴이 이루어짐 (▶ 149쪽)

8) 이미 만들어 놓은 제품 (▶ 150쪽)

10) 수학을 가르치는 선생님은 ○○○ 선생님 (▶ 166쪽)

11) 성품이 맑고 곧고 깨끗함 (▶ 158쪽)

12) 가르치는 과목 (▶ 166쪽)

15) 탐관오리의 반대말 (▶ 158쪽)

16) 자라서 어른이 됨 (▶ 151쪽)

18) 장보고가 지금의 완도에 설치한 진영 (▶ 159쪽)

19) 뜻한 바를 이룸 (▶ 150쪽)

共
함께 공

남녀 공용 아니었어요?

위 그림의 빈칸에 들어갈 말은 뭘까요? 공용(共用)입니다. 함께 쓴 다는 말이죠. 이처럼 공(共)은 함께, 같이를 뜻해요. 남자와 여자가 같 이 공부하는 학교를 남녀 공학(共學)이라고 하죠.

공생은 함께 사는 거죠. 그래서 공생(共生) 관 계는 서로의 생존을 위해 도 움을 주고받는 관계를 말해 요. 악어새는 악어 이빨에 낀 찌꺼기를 먹고, 그 덕에 악 어는 이빨 청소를 하면서 말이죠.

'함께'라는 뜻을 생각하면서 빈칸을 채워 보아요.

책을 쓰는 건 저술. 두 사람 이상이 함께 책을 쓰는 것은? □저.

범죄 등을 꾀하는 건 모의. 그럼, 두 사람 이상이 함께 모의하는 것 은? □모, 공모하는 사람들은 □모자.

함께 범죄를 저지르는 공모자들은? □범.

共	함께 공

- 공용(共 用쓸 용)
  함께 씀
- 남녀 공학(男남자 남 女여자 녀 共 學배울 학)
  남자와 여자가 함께 공부하 는 학교
- 공생(共 生살 생)
  함께 살아감
- 공생관계
  (共生 關관계할 관 係맬 계)
  서로의 생존을 위해 도움을 주고받는 관계
- 공저(共 著저술할 저)
  여럿이 함께 책을 씀
- 공모(共 謀꾀할 모)
  함께 꾀함
- 공모자(共 謀 者사람 자)
  공모하는 여러 사람
- 공범(共 犯범할 범)
  함께 범죄를 저지름

공유(共有)는 함께 가진다는 말이에요. 법적으로는 하나의 물건을 여러 사람이 공동으로 소유하는 걸 말해요.

여러 사람이 같이 소유한 물건은 공유물, 여러 명이 같이 소유하고 있는 땅은 공유지라고 하지요. 아파트나 상가 등에는 여러 사람이 같이 쓰는 공간이 있어요. 복도, 주차장, 계단 등이죠. 그 공간이 차지하는 면적을 공유 면적이라고 해요.

공판장(共販場)은 '공동 판매장'의 준말이에요. 생산자나 상인들이 따로 따로 물건을 팔지 않고 조합을 만들어서 함께 판매하는 걸 공동 판매(共同販賣)라고 하죠. 모여서 함께 파니, 많은 종류의 물건을 더 싸게 살 수 있는 장점이 있어요.

공명(共鳴)은 소리가 같이 울리는 현상을 말해요. 소리가 함께 울리게 만든 장치를 공명상자라고 하죠. 마음도 '울린다' 라고 하지요? 그래서 '공명'은 느낌이나 생각을 함께한다는 뜻으로도 쓰여요.

천인공노(天人共怒)라는 말도 있어요. 하늘(天)과 인간[人]이 같이[共] 분노[怒]할 정도라는 말이죠. 아주 나쁜 짓을 가리키는 말이에요.

공명상자

共	함께공

- 공유(共 有가질 유)
  함께 가짐
- 공유물(共有 物물건 물)
  함께 소유한 물건
- 공유지(共有 地땅 지)
  함께 소유한 땅
- 공유 면적
  (共有 面면 면 積쌓을 적)
  여럿이 함께 쓰는 공간이 차지하는 면적
- 공판장(共 販팔 판 場장소 장)
  함께 판매하는 장소
- 공동 판매(共 同같을 동 販 賣팔 매)
  함께 판매함
- 공명(共 鳴울 명)
  함께 울림, 느낌이나 생각을 함께함
- 천인공노(天 하늘 천 人 사람 인 共 怒노할 노)
  하늘과 사람이 함께 분노할 만큼 나쁜 짓

공 | 共   함께, 같이

빈칸에 들어갈 말은 공동(共同)이에요. 어떤 일을 함께 할 때, 공동으로 한다고 하죠. 그래서 공동으로 일하는 집단은 공동체, 한 물건을 같이 소유하면 공동 소유가 되지요.

그럼, 다음 빈칸을 채워 볼까요?

아파트같이 여러 사람들이 같이 사는 집은? □□주택.

여러 사람이 같이 묻힌 묘지는? □□묘지.

공통(共通)이라는 말도 들어봤죠? 여럿에 두루 통하는 관계가 있다는 말이죠. 공통점은 서로 같아 통하는 부분, 공통어는 영어처럼 여러 나라에서 두루 통하는 언어예요. 분수에서 $\frac{8}{12}$, $\frac{10}{12}$ 처럼 분모가 같은 걸 공통 분모라고 하죠. 공통 분모라는 말은 여러 사람 사이의 공통점이란 뜻으로도 쓰여요.

사람들이 모이면 한 사회를 이루게 되죠. 사회 구성원 모두와 관계되는 걸 공공(公共)이라고 해요. 모두가 지켜야 할 질서는 공공질서, 정부나 국회 같은 공적인 기관은 공공 기관, 전기나 수도 같은 공공 자원을 쓰고 내는 돈은 공공요금이죠.

2000년 6월 15일에는 남북한의 정상이 평화로운 공존(共存)을 선언했어요. 공존은 서로를 인정하며 함께 잘 살아가는 것을 말해요. 남북한이 함께 공존하고 번영하는 공존공영의 길로 들어선 거예요.

共	함께 공

- 공동(共同같을 동)
  일을 함께 함
- 공동체(共同 體몸 체)
  함께 살아가는 집단
- 공동소유(共同 所바 소 有있을 유)
  공동으로 소유함
- 공동주택
  (共同 住살 주 宅집 택)
  공동으로 사는 집
- 공동묘지
  (共同 墓무덤 묘 地땅 지)
  여러 사람이 함께 묻힌 묘지
- 공통(共 通통할 통)
  여럿에 두루 통함
- 공통점(共通 點점 점)
  공통되는 점
- 공통어(共通 語말씀 어)
  두루 통하는 말
- 공통 분모
  (共通 分나눌 분 母어미 모)
  분모가 같음
- 공공(公공적 공 共)
  구성원 모두가 관련되는
- 공공질서(公共 秩차례 질 序차례 서)
  공공의 질서
- 공공 기관(公共 機틀 기 關기관 관)
  공적인 기관
- 공공요금(公共 料헤아릴 요 金돈 금)
  공공 자원의 이용료
- 공존(共 存있을 존)
  함께 있음
- 공존공영(共存 共 榮번영 영)
  함께 살고 함께 번영함

공(共)은 사회 전체가 함께 할 때 쓴다고 했죠. 공화(共和)는 국민 모두가 권리를 함께 나누어 가진다는 뜻이에요. 그래서 주권이 국민에게 있고 국민이 뽑은 대표자들이 법에 따라 하는 정치를 공화 정치, 그 제도는 공화제, 공화제를 채택한 나라는 공화국이지요. 옛날처럼 왕이 모든 권력을 가지고 나라를 다스리는 제도는 전제군주제라고 해요.

일본이나 영국에서는 헌법으로 왕의 권력을 제한하고 있지요. 이런 제도는 입헌군주제라고 해요. 태국, 스페인 등도 입헌군주국이죠.

공산주의에도 '공(共)' 자가 들어가지요. 공산(共産)이란 생산수단 따위를 공유한다는 뜻이에요. 공산주의를 채택한 국가는 공산국가겠죠? 공산주의에 반대하는 것은 줄여서 반공이라고 한답니다. 그럼, 다음의 빈칸을 채워 볼까요?

공산주의를 믿고 따르는 사람은?　□□주의자.

공산주의 정당은?　□□당.

공산국가의 군대는?　□□군.

중국도 법적으로는 공산주의 국가에요. 그래서 중국 공산군을 줄여서 중공군이라고 했답니다.

共	함께 공

■ 공화(共和 화합할 화)
국민 모두가 권리를 함께 나눔

■ 공화 정치(共和 政治 정치)
공화를 이념으로 하는 정치

■ 공화제(共和 制 제도 제)
공화를 보장하는 제도

■ 공화국(共和 國 나라 국)
공화제를 채택한 나라

■ 공산(共 産 생산 산)
생산수단 따위를 공유함

■ 공산주의
(共産 主 주장 주 義 뜻 의)
공유를 중요하게 생각하는 정치 이념

■ 공산주의자
(共産 主義 者 사람 자)
공산주의를 믿고 따르는 사람

■ 공산국가
(共産 國 家 집 가)
공산주의를 채택한 국가

■ 반공(反 반대할 반 共)
공산주의에 반대함

■ 공산당(共産 黨 무리 당)
공산주의를 믿고 따르는 무리

■ 공산군(共産 軍 군사 군)
공산국가의 군대

■ 중공군(中 중국 중 共軍)
중국 공산군

단지 많은 사람들이 같이 사용한다고 해서 공공(公共)이라는 말을 붙이진 않아요. '공공'은 개인이나 회사의 이익이 아니라 사회 전체의 이익을 가리킬 때 쓰는 말이에요. 공공 기관은 사회 공동의 일을 도맡아 처리하는 국가기관을 말해요. 전기나 상하수도, 고속 도로와 국도처럼 모두가 함께 이용하는 시설을 공공시설이라고 합니다. 공공시설을 이용하고 내는 돈은 공공요금이라고 하죠. 공공시설은 주로 공공 기관의 감독 하에 운영을 하죠.

다음 중, 공공 기관이 <u>아닌</u> 것은 무엇일까요? (　　　)

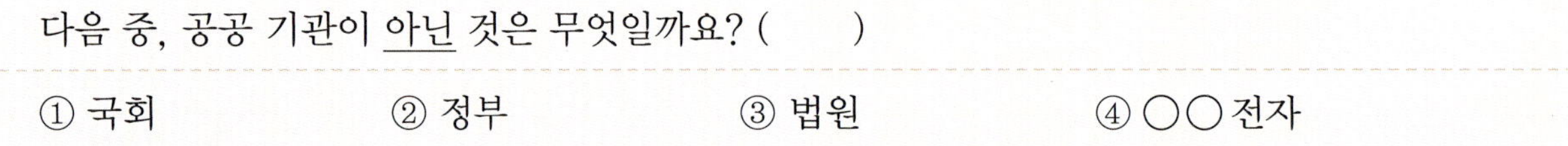

① 국회　　　　　② 정부　　　　　③ 법원　　　　　④ ○○전자

답은 ④번이에요. 일부 사람들의 이익을 위해 운영되는 회사나 기업은 공공 기관이 아녜요. 나머지 셋은 우리나라의 대표적인 공공 기관이죠. 국회는 다른 말로 입법부(立法府), 정부는 행정부(行政府), 법원은 사법부(司法府)라고 해요.

국민이 선출한 대표자인 국회 의원은 입법부에 속해 있어요. 나라의 법을 제정하고 만드는 일이 입법부의 가장 중요한 역할이에요. 나라 살림과 관계있는 예산안을 행정부가 제대로 만들었는가를 따져 보는 일도 하지요. 또, 행정부가 일을 제대로 하고 있는지 살펴보는 일도 한답니다.

법으로 잘잘못을 가릴 때 재판을 받으러 갑니다. 사법부는 법을 실제로 적용하는 일을 하죠. 입법부에서 만든 법을 어겼는지 재판으로 따져보는 거예요.

행정부는 나라의 살림살이를 맡아서 하는 공공 기관이에요. 현대 민주주의 사회에서는 행정부의 역할이 아주 크고 중요하답니다. 그래서 행정부 안에 다시 많은 공공 기관들을 두고 있지요.

행정부의 대표는 대통령이에요. 국무총리는 대통령을 보좌해서 함께 여러 가지 일을 책임지고 처리하죠. 각 부처의 최고 책임자는 장관이에요. 대통령과 각 부처는 공공의 이익을 위해 여러 공공 기관을 운영하고 있지요. 각 공공 기관에서는 공무원들이 공공의 이익을 위해 열심히 일하고 있죠.

몇 가지 공공 기관의 역할을 살펴볼까요? 감사원은 공공 기관들의 부정부패를 감시하고, 국세청은 세금을 걷는 일을 하죠. 경찰은 치안 유지를 담당하고, 검찰은 법을 어긴 사람을 사법부에 넘기는 역할을 해요. 각 도(道)나 시(市), 군(郡) 등은 지방자치단체라고 합니다. 지방의 살림살이를 자율적으로 맡아서 운영하는 지방자치단체도 공공 기관 가운데 하나랍니다.

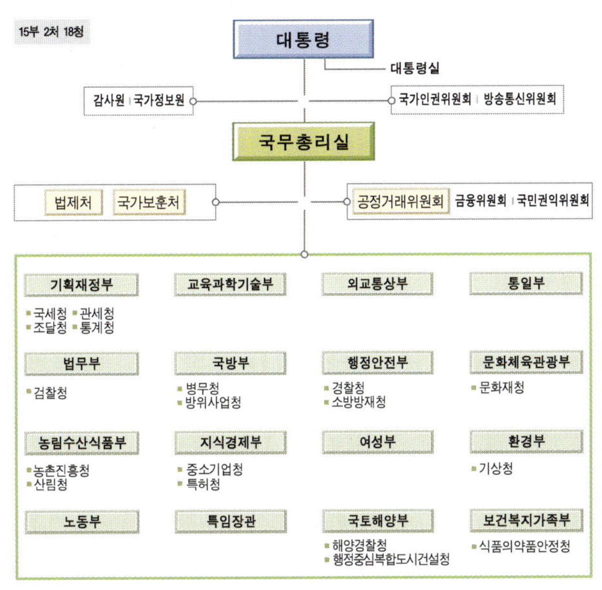

중앙행정기관(2008. 2. 25 기준)

낱말상자

- **입법부**(立설 립 法법 법 府기관 부) 법을 만드는 기관
- **행정부**(行할 행 政정사 정 府) 행정을 맡아 보는 기관
- **사법부**(司맡을 사 法 府) 법을 맡아 적용하는 기관

- **공무원**(公여러 공 務힘쓸 무 員사람 원) 공공의 이익과 관계있는 일을 맡아 하는 사람, 공공 기관에서 일하는 사람

1 빈칸에 공통으로 들어갈 말은 무엇일까요? (   )

> • 우리 학교는 남녀 □학이에요.
>
> • 우리 학교 운동장이 옛날에는 □동묘지였던 거 알아?
>
> • 사실, □산주의랑 자본주의는 □생관계라고 할 수 있어.
>
> • 만국 □통어가 우리 한글이면 좋겠다.

2 낱말과 낱말의 뜻을 바르게 연결하세요.

1) 함께 살아가는 집단 •   • 공존공영

2) 함께 살고 함께 번영함 •   • 공공질서

3) 사회 전체가 지켜야 할 질서 •   • 공저

4) 여럿이 함께 책을 씀 •   • 공동체

3 빈칸에 알맞은 낱말을 보기에서 찾아 문장을 완성하세요.

> 보기   공유   공명   공범   공통

1) 허가받지 않고 동영상을 □□하는 것은 불법입니다.

2) 어제 뉴스 봤어? 지난 번 강도 사건의 □□이 세 명이나 된대.

3) 어제 연설로 많은 사람들이 그의 생각에 □□하게 되었어.

4) 다음 빈칸에 □□으로 들어갈 말은 무엇일까요?

4 괄호 안에 공통으로 들어갈 말을 아래의 빈칸에 쓰세요.

1) 우리, 헤어져. 우리 사이에 (   )를 정말 찾을 수가 없어.

2) $\frac{2}{3}$와 $\frac{3}{5}$을 더할 때에는 먼저 통분해서 (   )를 15로 만들어 주어야 합니다.

답 : □□□□

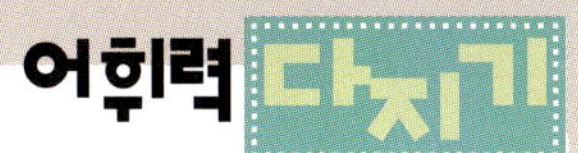

5 다음 중, 공화제를 채택하고 있지 <u>않은</u> 나라는? (   )

① 영국　　　　　② 한국　　　　　③ 프랑스　　　　　④ 미국

6 공공 기관에 해당하는 칸에 전부 색칠을 해 보세요. 어떤 글자가 나왔나요? (   )

LG	노동부	백화점	환경부	전시장
법제처	행정부	법무부	국세청	여성부
공사장	감사원	아파트	법원	청심환
입법부	시청	경찰	사법부	청와대
사장	검찰	마당	국방부	유치원
통일부	음악회	극장	축구장	국회

7 사다리를 타고 내려가서, 풀이에 알맞은 낱말을 보기에서 골라 빈 자리에 써넣으세요.

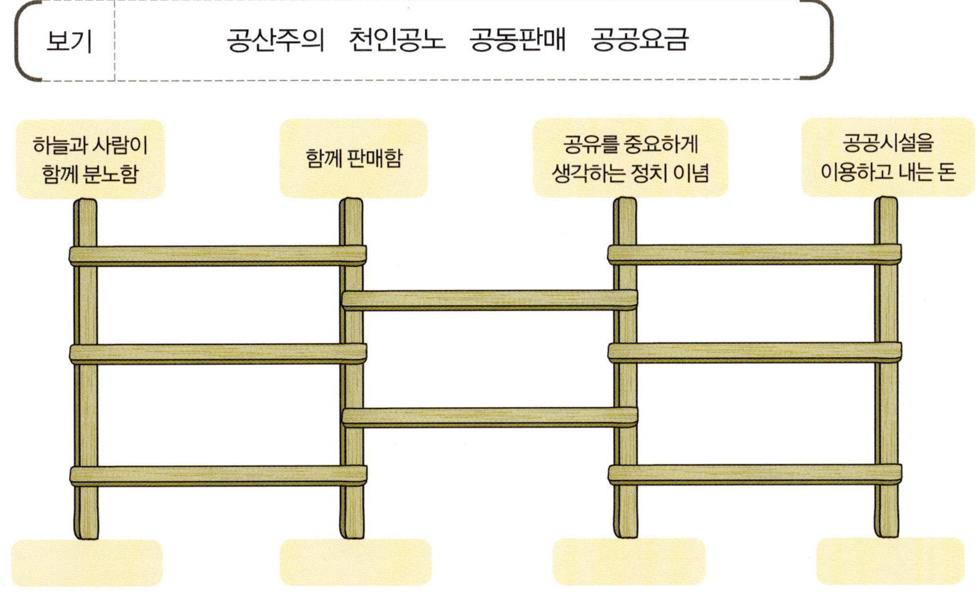

作 _{만들} 작

손동작으로 그림자놀이 해 볼까?

흐음~ 저 움직임, 재미는 있어 보이는데, 친구들은 어려운가 봐요. 위 그림의 빈칸에 공통으로 들어갈 말은 무엇일까요? (　　　)

① 험　　　　② 물　　　　③ 굴　　　　④ 작

답은 ④번이에요. 작(作)은 어떤 행동을 한다는 말이에요. 움직이는 것은 동작(動作), 처음 하는 것은 시작(始作)이죠. 그럼, 헤어지는 것은? 작별(作別)이라고 하죠. 일을 하는 건 작업(作業)이에요. 작업할 때 입는 옷은 작업복, 작업하는 방은 작업실이라고 하지요.

작용(作用)은 어떤 일이 일어나게 하는 거예요. 작용에 반대되는 움직임은 반작용, 작용에 덧붙어 일어나는 바람직하지 못한 일은 부작용이라고 하죠. 화장품이나 약, 세제 등은 부작용을 조심해야 해요.

作 _{행할} 작

- 동작(動 움직일 동 作)
  움직임
- 시작(始 처음 시 作)
  처음으로 함
- 작별(作 別 헤어질 별)
  헤어짐
- 작업(作 業 일 업)
  일을 함
- 작업복(作 業 服 옷 복)
  일할 때 입는 옷
- 작업실(作 業 室 방 실)
  일하는 방
- 작용(作 用 쓸 용)
  어떤 일이 일어나게 함
- 반작용(反 반대 반 作用)
  작용에 반대되는 움직임
- 부작용(副 버금 부 作用)
  작용에 덧붙어 일어나는 바람직하지 못한 일

한자 작(作)은 사람[人]과 손[乍]이 만나서 된 글자예요. 사람이 손을 써서 일하면 물건이 만들어지지요. 그래서 작(作)에는 '만들다' 라는 뜻도 있어요.

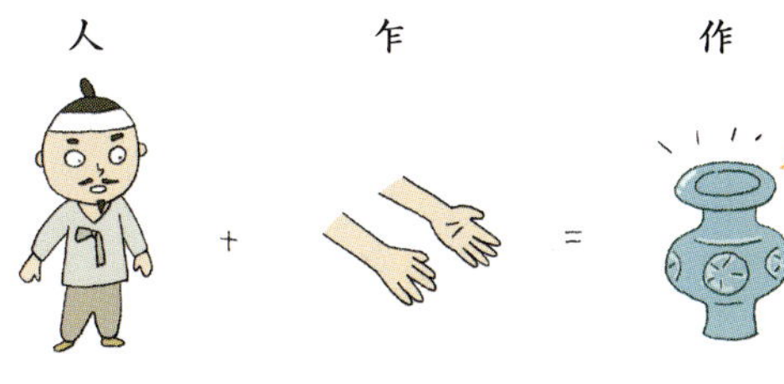

와~ 얼마나 재미있는 영화기에 7천만 명이 봤을까요? 아마 남북한 사람이 모두 보았나 봐요. 합작(合作)은 함께 만든다는 것이죠. 남북 합작영화는 남한과 북한이 함께 만든 영화지요.

공작(工作)은 두 가지 뜻으로 쓰여요. 첫째는 어떤 것을 만든다는 뜻이죠. 찰흙이나 종이 같은 것으로 무언가를 만드는 것을 공작이라고 하죠. 두 번째는 어떤 일을 미리 꾸민다는 뜻이 있어요. 공작원은 일을 미리 꾸미는 사람이죠.

'조작' 에는 두 가지가 있어요. 조작(造作)은 거짓으로 꾸며 만든다는 말이죠. 가령, 여론 조작은 사람들의 의견을 거짓으로 만들어 퍼뜨리는 거예요. 또 다른 조작(操作)은 기계 같은 것들을 움직이게 만든다는 말이에요. 조작법은 기계 따위를 조작하는 방법이에요.

끝으로, '작' 이 쓰인 사자성어 하나 알아볼까요? 작심삼일(作心三日)은 마음먹은 게 삼 일밖에 안간다는 소리예요. 의지가 굳지 못한 걸 꼬집는 말이죠.

作	만들 작

- 합작(合합할 합 作)
  함께 만듦
- 합작영화
  (合作 映비칠 영 畵그림 화)
  함께 만든 영화
- 공작(工만들 공 作)
  ① 무엇을 만들다
  ② 일을 미리 꾸미다
- 공작원(工作 員사람 원)
  일을 미리 꾸미는 사람
- 조작(造꾸밀 조 作)
  가짜로 꾸며서 만듦
- 조작(操부릴 조 作)
  조종해서 움직이게 함
- 조작법(操作 法방법 법)
  조작하는 방법
- 작심삼일(作 心마음 심 三셋
  삼 日날 일)
  마음먹은 것이 삼 일밖에 안
  감, 의지가 굳지 못함

작 | 作 어떤 행동을 하다, 만들다

오우~ 각오가 대단합니다! 빈칸에 들어갈 말은 무엇일까요? (　　)

① 작곡　　② 작사

③ 미곡　　④ 수락

베토벤처럼 멋진 곡을 짓겠다니까 답은 작곡(作曲)이죠. 작사(作詞)는 가사를 짓는 거고요. 이렇게 작(作)은 노래나 글 등을 짓는다는 뜻도 가지고 있어요. 글을 짓는 것은 작문(作文), 영어로 글을 짓는 것은 영작(英作)이죠.

무엇을 짓는 사람은 작가(作家)에요. 작곡하는 사람은 작곡가, 작사하는 사람은 작사가죠. 작가가 만든 결과물은 작품(作品)이라고 해요.

농사를 짓는다는 말에도 작(作)이 들어가요. 농작(農作)은 농사를 짓는다는 말이에요. 농사를 지어서 나온 결과물은 농작물이죠. 경작(耕作)도 농작과 비슷한 말이에요. 농사짓는 땅을 경작지라고 하죠.

농사가 잘되어 농작물을 풍성하게 거두면 풍작(豐作)이에요. 반대말은 흉작(凶作)이죠. 타작(打作)은 곡식의 이삭을 탁탁 털어서 낟알을 거두는 일이에요. 반타작은 반만 타작했다는 말인데, 원래 얻으려고 했던 것의 반밖에 얻지 못했다는 뜻으로 쓰는 말이지요.

作　지을 작

- 작곡(作曲 노래 곡)
  노래를 지음
- 작곡가(作曲家 사람 가)
  작곡하는 사람
- 작사(作詞 가사 사)
  가사를 지음
- 작사가(作詞家)
  가사 짓는 사람
- 작문(作文 글 문)
  글을 지음
- 영작(英 영어 영 作)
  영어로 글을 지음
- 작가(作家)
  무엇을 짓는 사람
- 작품(作品 물건 품)
  작가가 만든 결과물
- 농작(農 농사 농 作)
  농사를 지음
- 농작물(農作物 물건 물)
  농사지어 나온 물건
- 경작(耕 밭갈 경 作)
  밭을 갈아 농사를 지음
- 경작지(耕作地 땅 지)
  농사지을 땅
- 풍작(豐 풍성할 풍 作)
  농사지은 결과가 풍성함
- 흉작(凶 흉할 흉 作)
  농사지은 결과가 나쁨
- 타작(打 칠 타 作)
  농사지은 이삭을 털어 낟알을 거둠
- 반타작(半 절반 반 打作)
  반만 타작함, 예상보다 적게 수확함

작(作)은 '작품'을 뜻하기도 해요. 주로 다른 말의 뒤에 붙을 때 이런 뜻으로 쓰이죠.

창작(創作)은 작품을 만든다는 뜻이고, 야심작(野心作)은 야심을 가지고 열심히 지은 작품이라는 말이지요. 역작(力作)도 비슷한 말인데, 온힘을 들여 만든 작품을 뜻하죠.

그리기 대회나 글짓기 대회에서 주는 상 이름에도 '작(作)'이 붙어요. 당선작(當選作), 가작(佳作)은 모두 좋은 작품이라는 뜻이에요. 어떤 상이든 다 소중한 것이니까 열심히 노력해서 상 타자구요!

정말로 훌륭한 작품을 일컫는 말들도 있어요. 여러분은 어렸을 때부터 '세계명작동화'를 많이 읽었지요? 명작(名作)은 이름이 날 만큼 훌륭한 작품이란 뜻이에요. 걸작(傑作), 수작(秀作)도 아주 잘 만든 작품이란 말이에요.

어떤 작가가 새로 만든 작품은 신작(新作)이에요. 그 작가의 작품 중 제일 유명한 것을 대표작(代表作)이라고 하죠. 작가가 죽으면서 남기고 간 작품은 유작(遺作)이라고 하죠. '예술은 길고 인생은 짧다'라고 하죠? 사람은 죽어도 작품은 남는 법이죠.

作	작품 **작**

- 창**작**(創만들 창 作)
  작품을 만듦
- 야심**작**
  (野들판 야 心마음 심 作)
  야심을 가지고 열심히 만든 작품
- 역**작**(力힘쓸 역 作)
  온힘을 기울여 만든 작품
- 당선**작**
  (當알맞을 당 選뽑을 선 作)
  뽑기에 알맞은 훌륭한 작품
- 가**작**(佳아름다울 가 作)
  아름다운 작품
- 명**작**(名이름 명 作)
  이름난 작품
- 걸**작**(傑뛰어날 걸 作)
  뛰어난 작품
- 수**작**(秀빼어날 수 作)
  빼어난 작품
- 신**작**(新새 신 作)
  새 작품
- 대표**작**
  (代대신할 대 表드러낼 표 作)
  대표할 만한 작품
- 유**작**(遺남길 유 作)
  작가가 죽으면서 남기고 간 작품

아이쿠. 다른 사람이 만든 것을 베껴서 자기 것인 양 내놓으면 안 돼요. 그림의 빈칸에 알맞은 말은 무엇일까요? (   )

① 작곡　　　　　② 표절　　　　　③ 표어　　　　　④ 표정

답은 ② 표절이죠. '어떤 노래가 표절 혐의로 방송금지 되었다' 라는 말, 들어본 적이 있죠? 표절(剽竊)은 다른 저작자의 저작물을 허락도 받지 않고 훔쳐 쓰는 걸 말해요. 우리 친구들은 절대로 그런 일을 하지 않겠죠? 남의 물건을 훔치는 것만 도둑질이 아니에요. 남의 작품을 훔치는 것도 도둑질이죠. 다른 사람의 글이나 그림, 음악을 허락 없이 베끼는 것은 범죄예요.

저작(著作)은 작품을 짓는 것을 말해요. 내가 만든 작품에 대한 권리는 저작권이라고 하는데 그 저작권은 법으로 보호돼요. 저작권을 갖는 작품을 저작물이라고 해요. 사람의 감정이나 생각을 표현한 모든 창작물이 저작물이 될 수 있어요. 문학, 공연, 음악, 미술, 건축, 사진, 영상, 컴퓨터 프로그램 등이 모두 저작물이죠. 저작물을 창작한 사람을 저작자라고 하고 저작자의 권리를 바로 저작권이라고 하지요.

어휘로 개념사냥

저작권은 지적 재산권(知的財産權) 중 한 가지에요. 지적 재산권을 지식 재산권, 지적 소유권이라고도 불러요. 지적재산권은 문화예술 작품뿐만 아니라 산업 활동과 관련된 모든 창작물까지 보호하는 권리죠. 지적 재산권에는 저작권과 산업 재산권이 있어요. 산업 재산권은 특허권, 디자인권, 상표권 같은 권리에요. 지적 재산권은 전세계적으로 중요한 문제에요.

인터넷을 사용하면 정말 편리해요. 세계 여행을 가지 않고도 집에서 멋진 작품들을 감상할 수 있죠. 전 세계 사람들이 인터넷에서 자기가 가진 것들을 함께 나눠요. 함께 나누는 것을 공유(共有)라고 해요. 인터넷을 사용해서 창작을 하거나 다른 사람들의 작품을 즐길 때에는 조심할 점도 있어요. 다른 저작자의 지적 재산권을 침해하지 말아야 한다는 거죠. 인터넷에서 자료를 퍼올 때는 그 자료가 원래 있던 웹 사이트의 주소를 밝혀 줘야죠. 어디에서 가져왔는지를 밝히는 것을 출처(出處)를 밝힌다고 하죠.

🍒 낱말상자

- **표절**(剽도둑질할 표 竊훔칠 절) 다른 저작자의 저작물을 허락받지 않고 훔쳐 쓰는 일
- **저작**(著지을 저 作) 작품을 지음
- **저작자**(著作 者사람 자) 저작을 한 사람
- **저작권**(著作 權권리 권) 저작자의 권리

- **저작물**(著作 物물건 물) 저작한 것
- **지적 재산권**(知알 지 的~의 적 財재물 재 産낳을 산 權) 모든 창작물을 보호하는 권리
- **공유**(共함께 공 有있을 유) 함께 나눔
- **출처**(出날 출 處곳 처) 나온 곳

1 빈칸에 공통으로 들어갈 말은 무엇일까요? (　　　)

> • 모두들 동□ 그만! 거기 움직이는 사람 뭐야?
>
> • 어젯밤 우박이 내려서 농□물 피해가 심하대.
>
> • 이 약의 부□용은 살이 마구 찐다는 점이죠.
>
> • 이번 작품은 저의 온힘을 기울인 역□입니다.

2 낱말과 낱말의 뜻을 바르게 연결하세요.

1) 함께 만듦　　　　　　●　　　　　● 작문

2) 이삭을 털어 낟알을 거둠 ●　　　　● 합작

3) 농사지은 결과가 나쁨　●　　　　● 타작

4) 글을 지음　　　　　　●　　　　　● 흉작

3 다음 설명들 중, 옳지 <u>않은</u> 것은? (　　　)

① '부작용'은 주로 바람직하지 않은 일을 가리킨다.

② '역작'과 '유작'은 비슷한 말이다.

③ '농작'과 '경작'은 비슷한 말이다.

④ '표절'은 도둑질과 마찬가지이다.

4 괄호 안에 들어갈 말을 보기에서 골라 문장을 완성하세요.

> 보기 ┊　　　　　공작　　작업　　조작

1) 컴퓨터 (　　　)법을 알아야 인터넷을 하지.

2) (　　　)복에 기름이 묻었군. 정말 열심히 일했구나.

3) 이 찰흙인형은 어제 (　　　) 교실에서 만든 거야.

어휘력 다지기

5 ( ) 안에 들어갈 말은 무엇일까요? ( )

> A : 나, MP3 샀다. 부럽지? 부럽지?
>
> B : 와~! 그런데 음악은 어디서 구할 거야?
>
> A : 내가 아는 데서 공짜로 내려받을 수 있어.
>
> B: 공짜로? 그건 ( )법 위반인데.

① 교통   ② 헌   ③ 저작권   ④ 공작

6 다음 중 예술가의 활동과 가장 거리가 <u>먼</u> 낱말은? ( )

① 걸작   ② 야심작   ③ 신작   ④ 타작

7 십자말풀이를 완성해 보세요.

가로 열쇠

1) 헤어짐

2) 작품을 만드는 사람

5) 가사를 지음

6) 작가가 죽으면서 남기고 간 작품

세로 열쇠

1) 작가가 만든 결과물

2) 마음먹은 것이 삼 일밖에 안 감

3) 원래 얻으려던 것의 반밖에 얻지 못함

4) 농사지은 결과가 풍성함

義
옳을 의

의리로 뭉친 우리

기본어휘 잡기

빈칸에 들어갈 말은 정의예요. 정의(正義)란 진리에 맞는 올바른 도리예요. 사회정의는 우리 사회를 이끌어 가는 올바른 도리를 말해요. 또 정의감은 정의를 생각하는 마음이겠지요.

그럼 정의의 반대말은 뭘까요? 불의(不義)예요. 우리는 불의를 이겨 내고 정의롭게 살아야겠지요. 정의를 지키며 살았던 분들을 의사(義士)라고 해요.

나머지와 <u>다른</u> 뜻으로 쓰인 '의사'는 누구일까요? (　　)

① 윤봉길 의사　　　② 이봉창 의사　　　③ 안과 의사

답은 ③ 안과 의사지요. ①과 ②의 의사는 뜻을 바르게 세운 선비와 같은 사람을 말해요. ③의 의사는 병을 고쳐 주는 사람이고요.

의거(義擧)는 의로운 뜻으로 들고 일어남을 말해요. 일제강점기에 윤봉길 의사가 일본 군인에게 도시락 폭탄을 던진 일이나, 안중근 의사가 이토 히로부미를 총으로 쏜 일은 의거라 불러요. 의거를 통해 나라를 위험에서 건졌지요.

義	옳을 의

- 정의(正바를 정 義) 진리에 맞는 올바른 도리
- 불의(不아니 불 義) 정의가 아님
- 의사(義 士선비 사) 의로운 선비
- 의거(義 擧들 거) 정의를 위하여 개인이나 집단이 들고 일어남

일반적으로 나쁜 짓이라고 여겨지는 일에 '의'가 붙으면 올바른 일로 바뀔 때도 있어요. 남의 물건을 훔치는 사람을 도둑이라고 하죠? 도둑질도 의롭게 하면 의적(義賊)이 돼요. 홍길동이나 임꺽정, 장길산 같은 사람들을 의적이라고 불러요. 나쁜 짓을 해서 부자가 된 사람들 돈을 빼앗아 가난한 사람들에게 나누어 주었기 때문이지요.

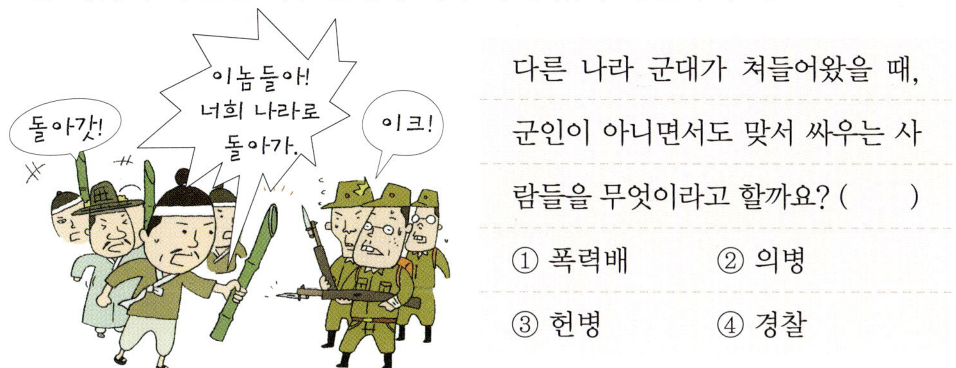

다른 나라 군대가 쳐들어왔을 때, 군인이 아니면서도 맞서 싸우는 사람들을 무엇이라고 할까요? (　　　)

① 폭력배　　② 의병

③ 헌병　　　④ 경찰

답은 ② 의병이지요. 의병(義兵)은 나라에서 양성하는 군인이 아니라, 스스로 나라를 구하기 위해 일어난 사람들을 말해요. 의병들이 모인 부대는 의병대, 의병들을 이끄는 장수는 의병장이라고 하죠.

의병들은 의용이 충만하지요. 의용(義勇)은 의를 위하여 일어나는 용기를 말해요. 의용소방대는 의로운 용기를 가진 주민들이 자발적으로 구성한 소방대를 말하죠.

계백 장군은 백제를 위한 마지막 전투에서 아내와 자식을 죽이고 전투에 나갔지요. 이렇게 큰 뜻을 위해 가족을 희생하는 것을 대의멸친(大義滅親)이라고 해요. 계백 장군은 나라를 지켜야

한다는 대의명분에 따른 것이지요. 대의명분(大義名分)이란 큰 뜻에 따른 도리나 본분입니다. 이때 의(義)는 '뜻' 을 나타냅니다.

義	옳을 의

- **의적**(義 賊도둑 적)
  의로운 도둑
- **의병**(義 兵병사 병)
  의로운 병사
- **의병**대(義 兵 隊무리 대)
  의로운 병사들의 무리
- **의병**장(義 兵 將장수 장)
  의병들을 이끄는 장수
- **의용**(義 勇용기 용)
  의를 위해 일어난 용기
- **의용**소방대(義 勇 逍사라질 소 防막을 방 隊)
  의로운 용기를 가진 주민들이 자발적으로 구성한 소방대

義	뜻 의

- **대의**멸친(大클 대 義 滅없앨 멸 親가족 친)
  큰뜻을 위해 가족을 희생함
- **대의**명분(大클 대 義 名이름 명 分나눌 분)
  큰뜻에 따른 도리나 본분

의 義　옳다, 뜻

義	마땅할 의

- 의리(義 理이치 리)
사람이 마땅히 지켜야할 도리
- 예의(禮예절 예 義)
예절과 의리
- 신의(信믿을 신 義)
믿음과 의리
- 의무(義 務일 무)
마땅히 해야할 일

도희가 의리 없이 따로 먹고 있군요. 의리(義理)는 사람이 마땅히 지켜야 할 도리예요. 의리라는 뜻을 생각하면서 빈칸을 채워 볼까요?

예절과 의리는 □□, 믿음과 의리는 □□입니다.

정답은 예의, 신의입니다.

빈칸에 공통으로 들어갈 말은 무엇일까요? (　　　)

① 의무　　　② 의사　　　③ 의리　　　④ 의문

답은 ① 의무(義務)예요. 책을 빌려 가면 제 날짜에 돌려주는 것이 마땅히 해야 할 일, 즉 의무겠지요.

의형제나 의남매는 남남끼리 형제나 남매를 하기로 약속하는 거예요. 핏줄이 아니라, '의(義)'로써 형제가 되는 거죠. 역사적으로 유명한 의형제는 삼국지의 유비, 관우, 장비예요. 이 셋은 복숭아 동산에서 의형제를 맺었죠. 이를 도원결의라고 해요. 이처럼 의(義)에는 '의형제'란 뜻도 있답니다.

義	의형제 의

- 의형제
(義 兄형 형 弟아우 제)
의로써 맺은 형제
- 의남매
(義 男사내 남 妹누이 매)
의로써 맺은 남매
- 도원결의(桃복숭아 도 園동산 원 結맺을 결 義)
복숭아 동산에서 의형제를 맺다

義	뜻 의

- **동의**어(同같을 동 義語말 어)
  같은 뜻의 말
- **반의**어(反반대할 반 義語)
  반대되는 뜻의 말
- **유의**어(類비슷할 유 義 語)
  뜻이 서로 비슷한 말
- **주의**(主주될 주 義)
  주된 뜻이나 생각
- 인도**주의**
  (人사람 인 道길 도 主義)
  인간을 가장 중요하게 여기는 생각
- 이기**주의**(利이롭게할 이 己자기 기 主義)
  자기의 이익만 생각하는 태도
- 이타**주의**(利他남 타 主義)
  자기보다는 다른 사람을 이롭게 하려는 생각
- 박애**주의**(博넓을 박 愛사랑 애 主義)
  넓게 사랑을 베푸려는 생각

동의어(同義語)는 뜻이 같은 말을 가리켜요. ‘책방’의 동의어가 ‘서점’인 섯처럼 말이죠.

다음 중, 그 성격이 <u>다르게</u> 묶인 것은? (　　　)

① 남자 – 여자 ② 크다 – 작다 ③ 과일 – 채소 ④ 안 – 밖

답은 ③번이에요. 나머지는 모두 반의어(反義語)로 짝 지어져 있어요. 반의어는 뜻이 정반대인 말을 뜻해요. 뜻이 서로 비슷한 말은 유의어(類義語)라고 하지요.

인도로만 다니는 게 인도주의가 아니에요. 인도주의(人道主義)는 사람을 가장 중요하게 여기는 생각을 말해요. 여기서 주의(主義)란 ‘중심 되는 뜻’이란 말이에요. ‘주의’의 뜻을 생각하며 빈칸을 채워 볼까요?

자기 것만 챙기고 다른 사람은 아랑곳하지 않는 태도는 이기□□,

자기보다 다른 사람을 이롭게 하려는 생각은 이타□□,

이타주의와 비슷한 말로 넓게 사랑을 베푸는 것은 박애□□.

우리 친구가 무언가 잘못 알고 있군요. 국민이 교육을 받아야 하는 의무가 있다고 해서 모든 국민이 운동은 하지 않고 책만 읽어야 한다는 뜻은 아닙니다. 국민의 의무란 나라를 유지하기 위해 국민이라면 마땅히 지켜야 할 일을 법으로 정해 놓은 것을 말해요. 대한민국의 어른이라면 누구나 납세, 교육, 국방, 근로의 4대 의무를 져요.

다음 중 세금을 내는 일과 관계 <u>없는</u> 행동은 무엇일까요? (   )

① 영화를 본다.   ② 가게에서 과자를 사 먹는다.

③ 친구와 펜을 바꿔 쓴다.   ④ 은행에 가 고지서에 적힌 돈을 낸다.

답은 ③번이에요. 돈을 내고 물건을 살 때 물건 값에 이미 세금이 붙어 있기 때문에 우리도 적게나마 세금을 내는 것이지요. 영화를 볼 때도 마찬가지예요.

국민이 나라에 세금을 내는 납세(納稅)의 의무는 해도 되고 안 해도 괜찮은 선택 사항이 아니에요. 반드시 해야 할 일이죠. 나라에서는 세금을 거둬 가난한 사람들을 도와주고, 학교도 짓고, 나라를 지키는 무기를 만들어요.

우리에게는 교육(教育)의 의무도 있어요. 모든 어린이는 초등학교를 꼭 다녀야 해요. 살아가는 데 필요한 기초적인 교육을 받는 것도 국민의 의무랍니다. 국민들이 교육을 잘 받아서 우수해져야 나라가 강해지기 때문에 이런 의무가 주어져요. 우리나라는 초등학교와 중학교를 돈을 내지 않고 다니는 무상 의무교육을 펴고 있어요.

국방(國防)의 의무는 외국의 침략에 대비해 나라를 지키는 의무를 말해요. 보통 스무 살이 넘은 남자 어른들은 일정 기간 동안 군대에 가서 군인으로 살아요.

그렇다면 군대에 가지 않는 사람들은 국방의 의무를 어떻게 지킬까요? (　　　)

① 다른 나라로 이민 간다.　　　　② 군인이 나오는 영화를 열심히 본다.

③ 전쟁을 대비해 사재기를 한다.　　④ 외적의 침략에 대비해 맡은 바 일에 충실한다.

답은 ④번이에요. 평상시의 준비가 바로 나라를 지키는 일이기도 하지요.

5월 1일은 무슨 날일까요? (　　　)

① 어버이날　　　　② 어린이날　　　　③ 식목일　　　　④ 근로자의 날

답은 ④ 근로자의 날이에요. 근로(勤勞)는 부지런히 일하는 것을 말해요. 근로자의 날은 일하는 사람들이 그날을 기념하여 쉬어요. 국민들이 일은 하지 않고 놀기만 한다면 나라는 곧 가난해지겠지요. 그래서 근로의 의무도 매우 중요해요.

낱말상자

■ **납세**(納바칠 납 稅세금 세) 세금을 냄
■ **국방**(國나라 국 防막을 방) 나라를 외적으로부터 막음
■ **교육**(敎가르칠 교 育기를 육) 가르치고 길러냄
■ **근로**(勤부지런할 근 勞일할 로) 부지런히 일함

1 다음 빈칸에 공통으로 들어갈 말은 무엇일까요? (　　　)

- 민희는 끝까지 □리를 지켜 혼자 남아주었다.
- 다음부터는 이런 이기주□은(는) 사라졌으면 좋겠어요.
- 가난한 나라를 도와주는 박애주□을(를) 발휘해야 한다.
- 안중근 □사의 마지막 말은 너무 감동적이에요.

2 밑줄 친 말과 같은 뜻의 말은? (　　　)

국민이 세금을 내는 일은 <u>마땅히 해야 할</u> 일이다.

① 의리　　　　　　② 정의　　　　　　③ 의무　　　　　　④ 결의

3 다음 빈칸에 들어갈 말은 무엇일까요? (　　　)

: 이 책 좀 봐.

: 계백 장군은 신라와 전쟁에 나가기 전에 가족을 자기 손으로 죽이고, 죽을 각오로 싸웠다고?

: 아무리 □□□□(이)라도 난 좀 으스스하다.

① 영웅주의　　　　② 대의멸친　　　　③ 수수방관　　　　④ 미인박명

4 보기 속 낱말을 넣어 문장을 완성해 보세요.

보기	도원결의　　반의어　　정의

1) 안과 밖은 서로 (　　　　　　) 관계에 있어.

2) 유비, 관우, 장비는 (　　　　　　)를 통해 형제가 되었다.

3) (　　　　　　) 사회를 만들기 위해 이번 선거에 나온 김돌순입니다.

5 다음 중, 나머지 셋과 <u>다르게</u> 쓰인 '<u>의</u>'는? (　　　)

① 우리나라는 동방예<u>의</u>지국이야.

② 나는 커서 안과 <u>의</u>사가 될테야!

③ 홍길동이 <u>의</u>적이라는 사실을 어떻게 알았니?

④ 나는 임진왜란 때 <u>의</u>병으로 활약한 분들이 자랑스러워.

6 다음은 국민의 4대 의무 중, 어떤 의무에 대한 설명일까요? (　　　)

> ㄱ. 국세청에서 관리해요.
>
> ㄴ. 나라에서 써야 할 돈을 거둬요.
>
> ㄷ. 물건을 살 때 물건 값에도 포함되어 있어요.

① 납세　　　　　　② 국방　　　　　　③ 교육　　　　　　④ 근로

7 사다리를 타고 가서, 어울리는 단어를 보기에서 찾아 써넣으세요.

보기	의무　　동의어　　신의　　의용

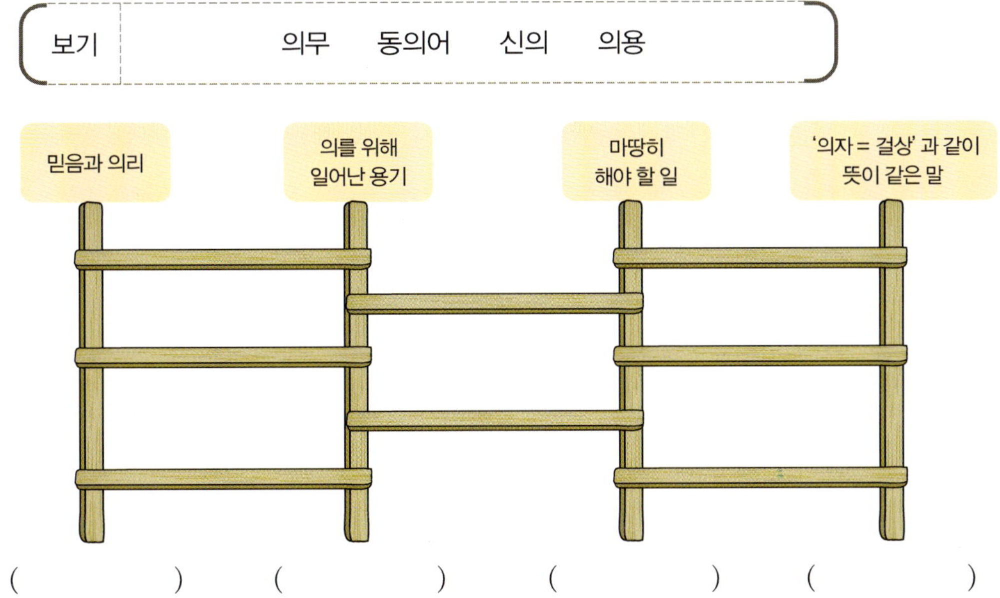

위 그림의 빈칸에 공통으로 들어갈 말은 무엇일까요? (　　　)

① 차별　　　　② 성별　　　　③ 구별　　　　④ 개별

답은 ③ 구별입니다. 구별(區別)은 사물을 성질에 따라 구분하여 나눈다는 말입니다. 독버섯인지 먹는 버섯인지 성질에 따라 구분하여 나누니 구별이지요. 분별(分別)은 서로 다른 일이나 사물을 구별하여 나눈다는 말입니다.

잘 살펴보고서 구별하는 것은 감별(鑑別)! 예술품이나 골동품의 가치를 살펴서 판단한다는 말로 잘 쓰이지요.

남성, 여성처럼 성에 따라서 나누는 것은 성별(性別). 화장실, 목욕탕은 성별로 나누어져 있습니다. 낱낱이 나누는 것은 개별(個別)이라고 합니다. 학교에 있는 사물함은 사람마다 따로 나누어져 있지요.

別	구분할 · 나눌 별

- 구별(區 구분할 구 別)
  사물을 성질에 따라 구분하여 나눔
- 분별(分 나눌 분 別)
  서로 다른 일이나 사물을 구별하여 나눔
- 감별(鑑 볼 감 別)
  잘 살펴서 성질이나 가치 따위를 구별함
- 성별(性 성 성 別)
  성에 따라 나눔
- 개별(個 낱 개 別)
  낱낱이 나눔

別	나눌 별

- 남녀유별(男 사내 남 女 계집 녀 有 있을 유 別)
  남자와 여자는 역할이 나뉘어 있음
- 부부유별
  (夫 남편 부 婦 아내 부 有別)
  남편과 아내는 역할이 나뉘어 있음
- 모둠별(別)
  모둠에 따라 나눔
- 분단별
  (分 나눌 분 團 모임 단 別)
  분단에 따라 나눔
- 학년별
  (學 배울 학 年 해 년 別)
  학년에 따라 나눔
- 차별(差 차등 차 別)
  차등을 두어 구별함
- 성차별(性 성 성 差別)
  성에 따라 차별함
- 인종차별
  (人 사람 인 種 종족 종 差別)
  인종에 따라 차별함

남녀유별(男女有別)이란 뭘까요? 남자와 여자는 그 역할이 나뉘어 있다는 유교의 가르침입니다. 그럼 부부유별(夫婦有別)이란 말도 쉽게 알 수 있겠지요? 바로 아내와 남편도 역할이 나뉘어 있다는 말입니다. 이것도 역시 유교의 사상입니다. 그래서 조선 시대에는 남자가 빨래나 설거지를 한다거나 여자가 글공부를 하면 큰일이 났었지요. 그러나 현대에 와서 이런 생각은 많이 달라졌답니다.

한편 별(別)은 명사 뒤에 붙어 그것에 따라 나눈다란 뜻을 나타냅니다. 모둠에 따라 나누면, 모둠별이죠. 그럼, 다음 빈칸을 채워 볼까요?

분단에 따라 나누면? 분단 □.

학년에 따라 나누면? 학년 □.

차별(差別)은 차등을 두어 구별한다는 말입니다. 여자라는 이유로 차등을 두는 것, 여자가 임신을 했을 때 직장을 그만두게 하는 것은 성차별입니다. 미국에서는 백인들이 이용하는 식당에 흑인이 들어오지 못하게 한 적이 있었습니다. 인종을 이유로 차별을 하는 인종차별이라고 많은 비난을 받았지요.

별 │ 別   나누다, 구분하다

| 別 | 헤어질 **별** |

- **이별**(離떠날 리 別)
  떠나 헤어짐
- **생이별**(生살 생 離別)
  살아 있는 사람끼리 어쩔 수 없는 사정으로 이별하게 됨
- **사별**(死죽을 사 別)
  죽어서 이별함
- **별리**(別 離떠날 리)
  헤어져 떠남＝이별
- **작별**(作행할 작 別)
  헤어짐에 이름
- **송별**(送보낼 송 別)
  사람을 떠나보냄
- **송별연**(送別 宴잔치 연)
  떠나는 사람을 위해 마련한 잔치
- **송별회**(送別 會모일 회)
  떠나는 사람을 위해 마련한 모임
- **애별리고**
  (愛사랑 애 別 離 苦괴로울 고)
  사랑하는 사람과 헤어져야 하는 괴로움

그림의 빈칸에 공통으로 들어갈 말은 무엇인가요? (　　　)

① 구별　　　② 개별　　　③ 유별　　　④ 이별

답은 ④ 이별입니다. 이별(離別)은 떠나서 헤어진다는 말입니다. 이별의 두 글자를 서로 바꿔서 별리(別離)라고 해도 같은 뜻이 됩니다. 작별(作別)도 헤어짐을 뜻하는 말입니다.

송별(送別)은 사람을 떠나보낸다는 말입니다. 송별연은 떠나는 사람을 위해 마련한 잔치, 송별회는 떠나는 사람을 위해 마련한 모임입니다. 떠나는 사람의 행운을 빌어 주는 자리지요.

애별리고(愛別離苦)라는 말이 있어요. 불교에서 말하는 8가지 고통 중에 하나로, 사랑하는 사람과 헤어져야 하는 괴로움을 말합니다. 살아서 이별을 하는 생이별(生離別)이나 죽어서 이별하는 사별(死別)이나 괴로움은 매 한 가지겠지요.

別	다를 별

- **별**명(**別** 名이름 명)
  다른 이름, 주로 사람에게 쓰임
- **별**칭(**別** 稱일컬을 칭)
  별명과 비슷한 말, 사람과 사물에 두루 쓰임
- **천차만별**(千일천 천 差차이 차 萬일만 만 別)
  모든 사물이 다 차이가 있고 다름

누구나 별명 하나쯤은 가지고 있겠지요? 별명(別名)은 그 사람의 특징에 맞게 남들이 지어 주는, 본명이 아닌 '다른 이름'이지요. 별명은 별칭(別稱)이라고도 합니다. 이럴 때 별(別)은 다르다는 말이지요.

별명은 천차만별이에요. 천차만별(千差萬別)이란 모든 사물이 다 차이가 있고 다르다는 말입니다. 요즘 휴대전화는 종류가 많아 천차만별이지요.

특별하다는 말도 있어요. 특별(特別)은 보통의 것과는 구별되게 다르다는 말입니다. 서울은 도시 중에서도 특별하니 특별시, 특별한 문제를 다루는 법은 특별법이라고 하지요.

별다르게 자장면을 좋아하는 친구가 꼭 있지요? 별다르다는 특별히 다르다는 말이예요. 자장면 집에서 함께 음식을 먹고 있는 것을 보니, 사이가 무척 각별한 친구들인

別	특별할 별

- **특별**(特특별할 특 別)
  보통의 것과 구별되게 다름
- **특별**시(特別 市도시 시)
  특별한 시, 서울
- **특별**법(特別 法법 법)
  특별한 문제를 다루는 법
- **별**(別)다르다
  특별히 다름
- **각별**(各각자 각 別)
  아주 특별함
- **별**(別)꼴
  특별한 꼴
- **별**식(別 食음식 식)
  특별한 음식
- **별**종(別 種씨 종)
  특별한 종류

듯싶네요. 각별하다는 것은 아주 특별하다는 말이지요. 이렇게 별(別)에는 특별하다라는 뜻이 있습니다.

그럼, 다음 빈칸을 채워 볼까요?

특별한 꼴은? ☐꼴. 특별한 음식은? ☐식. 특별한 종은? ☐종.

1 빈칸에 알맞은 말을 보기에서 찾아 문장을 완성하세요.

> 보기   감별   구별   개별   차별

1) 해도 좋은 일과 그렇지 않은 일을 잘 ☐☐ 해야 한다.

2) 박수근 화백의 '빨래터'가 진품이냐, 아니냐를 두고 논란이 많았습니다.
☐☐ 한 결과 진품 판정을 받았습니다.

3) 여자가 임신했다고 회사에서 나가야 한다면 그건 성 ☐☐ 이라고요.

4) 지금부터 ☐☐ 면담을 하겠으니 한 명씩 교무실로 오너라.

2 밑줄 친 '별(別)' 중에서 '헤어지다'라는 뜻으로 쓰인 것은? (   )

① 좋은 책과 나쁜 책을 분별할 줄 알아?
② 우리 강아지와 이별을 하고 난 너무 슬펐어.
③ 수학여행에서 개별 행동은 자제해야 한다.
④ 외국인 노동자를 차별하는 것은 좋지 않은 일이야.

3 각 낱말의 비슷한 말을 보기에서 골라 빈칸에 써넣으세요.

> 보기   이별   별칭

1) 별명 = ☐☐   2) 별리 = ☐☐

4 낱말과 낱말의 뜻을 알맞게 연결하세요.

1) 차별 •   • 사람을 떠나보냄
2) 송별 •   • 사물을 구별하여 나눔
3) 분별 •   • 아주 특별함
4) 각별 •   • 차등을 두어 구별함

5 다음 중, '헤어짐'과 거리가 <u>먼</u> 낱말은? (   )

① 별리　　　　② 이별　　　　③ 애별리고　　　　④ 천차만별

6 두 낱말의 괄호 안에 공통으로 들어갈 말을 보기에서 찾아 쓰세요.

> 보기 ┃ 　　유별　송별　별　차별

1) 남녀(   ), 부부(   ) ➡ (   )
2) 성(   ), 인종(   ) ➡ (   )
3) 분단(   ), 모둠(   ) ➡ (   )
4) (   )회, (   )연 ➡ (   )

7 사다리를 타고 내려가서, 풀이에 알맞은 낱말을 보기에서 골라 빈칸에 써 보세요.

> 보기 ┃ 　천차만별　송별연　애별리고　별식

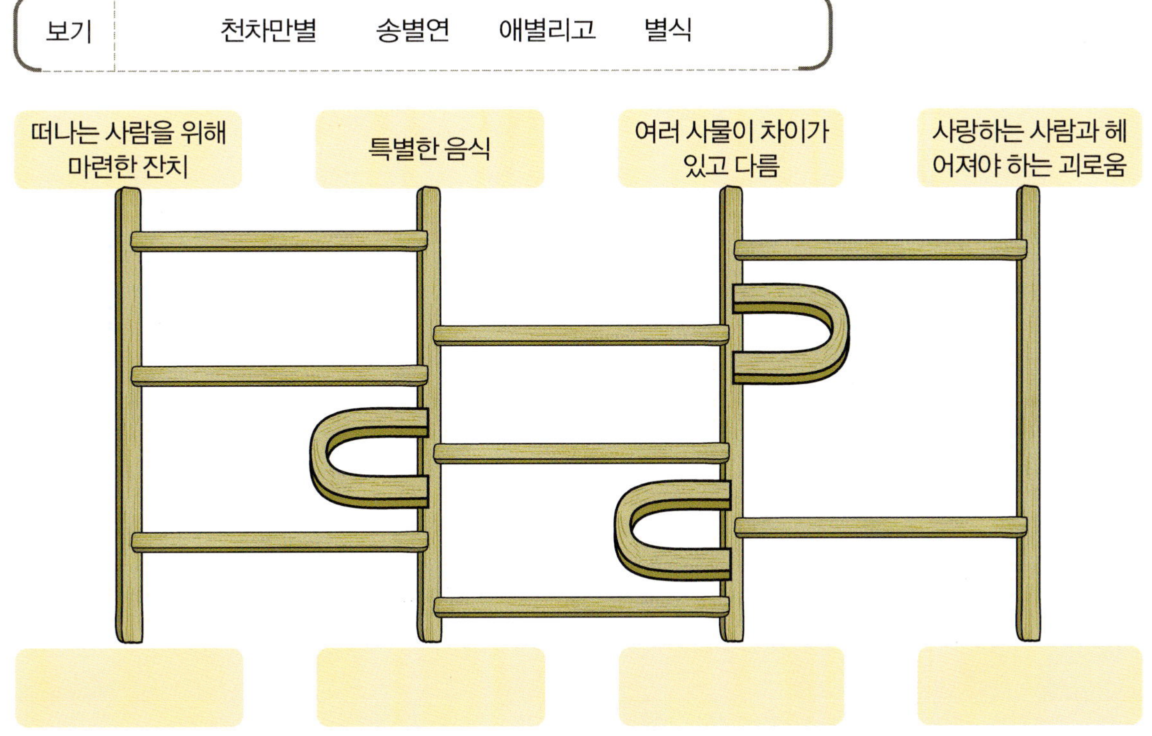

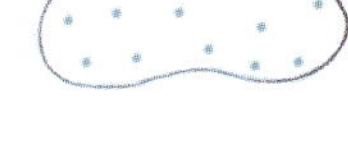

정답과 해설 16쪽

가로 열쇠

1) 하늘과 사람이 함께 분노할만큼 나쁜 짓 (▶ 173쪽)

5) 함께 만든 영화 (▶ 181쪽)

6) 함께 소유한 땅 (▶ 173쪽)

10) 의로운 도둑 (▶ 189쪽)

12) 공유를 중요하게 생각하는 정치 이념 (▶ 175쪽)

13) 잘 살펴서 성질이나 가치 따위를 구별함

　　(▶ 196쪽)

14) 의로써 맺은 남매 (▶ 190쪽)

17) 떠나 헤어짐 (▶ 198쪽)

19) 야심을 가지고 열심히 만든 작품 (▶ 183쪽)

20) 사랑하는 사람과 헤어져야 하는 괴로움

　　(▶ 198쪽)

세로 열쇠

2) 함께 있으며 함께 번영함 (▶ 174쪽)

3) 농사지어 나온 물건 (▶ 182쪽)

4) 공화제를 채택한 나라 (▶ 175쪽)

7) 모든 창작물을 보호하는 권리 (▶ 185쪽)

8) 예절과 의리 (▶ 190쪽)

9) 성에 따라 차등을 두어 구별함 (▶ 197쪽)

11) 큰 뜻을 위해 가족을 희생함 (▶ 189쪽)

15) 남자와 여자는 역할이 나뉘어 있음 (▶ 197쪽)

16) 작용에 덧붙어 일어나는 바람직하지 못한 일

　　(▶ 180쪽)

18) 특별한 종류 (▶ 199쪽)

찾아보기

초등교과서 단어의 비밀

정답과 해설

아울북

器
그릇 기

흙으로 만든 그릇은 토기 / 18~19 쪽

1 기(器)

2
1) 밥그릇 — 식기
2) 나무로 만든 그릇 — 목기
3) 기관지나 폐처럼 숨 쉬는 것을 담당하는 장기 — 호흡기
4) 걸어가는 것을 돕는 도구 — 보행기

3 1) 용기   2) 석기   3) 기관

4 ②

해설 ② 상반기의 '기'는 '기간'이나 '시기'를 나타내는 말이고, 나머지 안마기, 충전기, 가습기의 '기'는 '도구'를 나타내는 말입니다.

5 ②

해설 호흡기, 순환기에서 '기'는 사람이나 동물의 '장기'를 나타내는 말이죠.

6 ④

해설 '뗀석기'는 구석기시대에 사용하던 도구입니다.

7

身
몸 신

백설공주는 장신, 난쟁이는 단신 / 26~27 쪽

1 ②

2 ③

해설 1) 키가 아홉 자나 되는 사람은 '구척장신', 2) 몸이 건강한지 검사하는 것은 '신체검사', 3) 몸과 마음이 엉망인 것은 '만신창이', 4) 온몸이 마비된 것은 '전신 마비'라고 하지요. 공통으로 들어가는 말은 신(身)입니다.

3 ③

해설 ③ 당신에서 '신'은 사람을 가리키는 말이고, 나머지 총신, 포신, 비신의 '신'은 사물의 몸통을 뜻합니다.

4 ②, ③

5 ④

해설 ④ 보부상은 '상민'에 속했지요. 따라서 '천민 – 노비 – 백정'과는 어울리지 않습니다.

6 ④

해설 ④ '시신'은 사람이 죽어서 시체가 된 경우에 사용하는 말입니다. 백설공주가 기절을 했다고 했으니 '시신'은 아니지요.

7 ①

해설 '혼신'은 온몸을 말하죠. 그러니까 자신을 지켜야 할 때에는 '혼신'을 다해야겠지요. 호신은 자신의 몸을 보호하는 것, 피신은 몸을 피하는 것, 그리고 은신은 몸을 숨기는 것을 말해요.

8

항**상** 푸른 나무 **상**록수! / 34~35 쪽

1 상(常)

2

1) 보통 있는 일 — 상임
2) 매일 반복되는 생활 — 일상
3) 일정한 일을 늘 계속하여 맡음 — 상례
4) 뜻밖의 긴급한 상황 — 비상

3 1) 항상　　　2) 상식

4 ②

해설 ② '비상' 은 뜻밖의 긴급한 상황을 말합니다. '뭔가를 숨기려' 해서 의심스러울 때는 '수상하다' 라고 해야겠죠?

5 1) 상록수　　　2) 상평통보
3) 비상구　　　4) 상민

6 ④

해설 ④ '회상(回想)' 은 돌이켜 생각한다는 뜻으로, 이때의 '상(想)' 은 '생각하다' 란 뜻입니다. 나머지 상식, 상례, 범상의 '상' 은 '보통' 이란 뜻이죠.

7
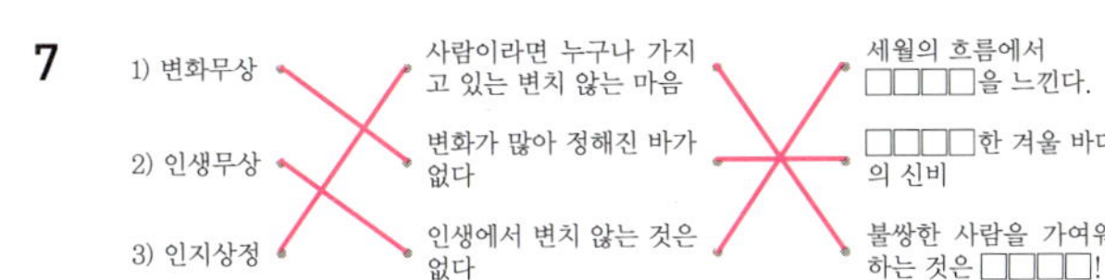

농부가 씨를 뿌려~ / 40~41 쪽

1 농(農)

2 ④

해설 ④ '농요' 는 농부들이 부르는 노래를 말하지요. '농민, 농부, 농업인' 모두 농사짓는 사람을 뜻하는 말입니다.

3 1) 농법　　　2) 농업용수
3) 농경지　　　4) 농요

4 ①

해설 농사에 관한 지식을 모아 놓은 책은 '농사직설', 농사짓기 위해 달마다 해야 할 일을 노래로 만든 것은 '농가월령가' 입니다.

5 ③

해설 ③ '농도(濃度)' 는 용액 따위의 진함과 묽음의 정도를 나타내는 말로 농사와는 관련이 없습니다. 농가, 귀농, 소작농은 모두 '농사' 와 관련된 말이죠.

6

7 1) ×　　　2) ×　　　3) ○　　　4) ○

해설 1) 농악 놀이에 필요한 악기는 꽹과리나 장구, 북과 같은 악기겠지요. 2) '자식 농사' 를 잘 지었다는 말은 자식들이 건강하게 잘 자라 사회에서 제 몫을 다하도록 잘 키웠다는 말이죠. 자식들이 모두 다 농사를 짓는다는 말과는 거리가 있습니다.

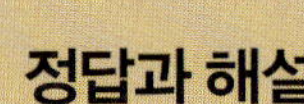

使
부릴 사

올바른 사용법이 뭘까? / 50~51 쪽

1 사(使)

2
1) 하늘의 심부름꾼 — 천사
2) 특별한 임무를 띤 심부름꾼 — 특사
3) 임금의 심부름을 하는 신하 — 사신
4) 몰래 비밀스럽게 보내는 심부름꾼 — 밀사

3
1) 사명
2) 행사
3) 사도
4) 사주
5) 사신
6) 혹사

4
1) 관찰사, 절도사, 통제사
2) 영선사, 수신사, 통신사

5 사용

6 ③

해설 조선 통신사는 조선에서 일본에 보냈던 사절단 입니다.

7 백의의 천사

해설 암호를 풀면, '간호사를 아름답게 이르는 말' 이 되죠. 간호사는 보통 흰 옷을 입고 있고, 아픈 사람을 정성껏 치료해 주기에 이런 별명이 붙게 된 거랍니다.

實
열매 실

밭에서 난다고 다 과실은 아니지! / 58~59 쪽

1 ②

해설 과실과 뜻이 같은 말은 '열매' 지요. '실과' 도 같은 뜻이랍니다.

2
1) 실제로 얻는 이익 — 실리
2) 정성스럽고 참됨 — 성실
3) 먹을 수 있는 열매를 맺는 나무 — 유실수
4) 있는 그대로의 상태 — 실태

3 ②

해설 '실험' 은 실제로 시험해 본다는 말이지요.

4 ④

해설 왕이 한 말이나 행동을 실제로 기록한 것을 '실록' 이라고 하지요. 왕의 이름 뒤에 실록이라는 명칭을 붙인 후, 그 왕의 말과 행동을 기록한 것 입니다. 〈조선왕조실록〉은 그 가치가 세계적으로 인정되어, 유네스코 세계 기록 유산에 등재되었답니다.

5
1) 실천
2) 실학
3) 절실
4) 실물
5) 실명

6
1) 실현
2) 금융실명제
3) 구실
4) 부실

지	스	속	구	꿈	바
금	융	실	명	제	표
물	질	우	리	차	약
청	부	실	니	구	실
벽	쌍	현	사	인	성

일백 백 百

가득 채워 100, 많으니까 백 / 66~67쪽

1 백(百)

2 1) 잎처럼 생긴 판자 여러 장을 상자
       모양으로 짜 맞춘 기상 관측용 설비 — 백엽상
   2) 옛 로마 군대에서 100명으로
       조직된 단위 부대의 우두머리 — 백부장
   3) 모든 성씨의 사람, 국민 — 백성
   4) 상평통보의 100배의 가치에 해당하는
       돈, 조선 말기에 대원군이 만든 화폐 — 당백전

3 ③

   해설 백장미는 '흰 장미' 라는 말이죠. 이때의 '백' 은
   흰 백(白)을 씁니다. 백일홍, 백합, 백년초의
   '백' 은 일백 백(百)을 씁니다.

4 1) 백날   2) 백중
   3) 백관   4) 백일

5 1) 백해무익   2) 백발백중
   3) 백년가약   4) 백전백승
   5) 백만장자

6
1) 백	일		2) 백	분	율
문			수		
		3) 당	백	전	
4) 백	과		복		5) 백
성			도		일
	6) 백	제			홍

글 서 書

낙서도 글은 글! / 72~73쪽

1 서(書)

2 1) 글씨를 붓으로 쓰는 예술 — 서예
   2) 장난으로 쓴 글씨나 그림 — 낙서
   3) 글을 기록하는 사람 — 서기
   4) 칠판에 글을 쓰는 것 — 판서

3 1) 설명서   신청서   (경찰서)   증서
   2) (서울)   서신   서한   엽서

   해설 1) 경찰서(警察署)에서 '서(署)' 는 관청이란 뜻
   입니다. 나머지는 모두 문서 서(書)가 쓰였습니
   다.
   2) '서울' 은 한 나라의 수도를 뜻하는 순 우리말
   입니다. 나머지는 모두 글 서(書)가 쓰였습니다.

4 서류

5 1) 서점   2) 교과서
   3) 서당   4) 서예

6 독서왕

   해설 '사서삼경' 은 유교에서 성현의 가르침을 담은
   네 가지 책과 세 가지 경전을 말합니다. '낙서'
   는 아무렇게나 흘려 놓은 글을 말하죠.

和
화목할 화

마음을 합쳐 화목한 가정 / 82~83 쪽

1 ④
해설 '줏대 없이 다른 사람이 하는 대로 부화뇌동(附和雷同)하면 안 됩니다.', '다른 사람과 잘 친해지는 능력을 친화력(親和力)이라고 합니다.', '쌍쌍이 모이자 분위기가 화기애애(和氣靄靄)해졌습니다.'

2 ④
해설 화순(和順)과 화란(和蘭)에 공통으로 쓰인 한자는 화목할 화(和)지요.

3 1) 서로 뜻이 맞고 정다움   화창
   2) 한집안 안에서 화목하지 못함   가정불화
   3) 날씨나 바람이 부드럽고 따뜻함   화목
   4) 얼굴에 온화한 빛이 감도는 것   화색

4 ①
해설 '생화가 아니고 조화'라고 할 때에는 만들 조(造)에 꽃 화(花)를 써 '造花'라고 씁니다. '조화(調和)'는 모든 것이 잘 어울린다는 말입니다.

5 ③
해설 '공화국'과 '공화정치'는 반대말이 아니라 서로 어울리는 말입니다.

6 부화뇌동

7
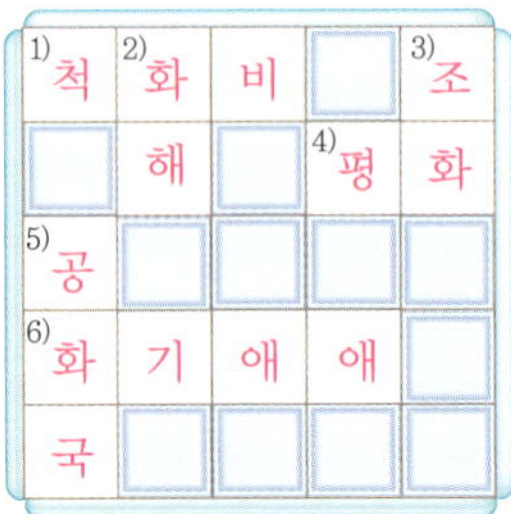

開
열 개

개업 축하해요~ / 90~91 쪽

1 1) 문을 열고 사업을 새로 시작하다   개복수술
   2) 수술용 칼로 배를 갈라서 하는 수술   전개
   3) 3차원의 입체를 평면에 펼치다   타개
   4) 어려운 일을 잘 처리하여 나아갈 길을 열다   개업

2 ④
해설 '공개(公開)'는 여러 사람이 볼 수 있게 개방하는 것을 말하죠. 일반인들이 함께 듣는 강좌는 '공개강좌'라 하고, 개표 결과를 여러 사람이 보게 하는 것도 공개한다고 하죠. 그리고 여러 사람이 방청객으로 참여하는 방송은 '공개방송'이라고 해요.

3 1) 타개   2) 개방   3) 개간   4) 개화

4 ③
해설 '천지가 개벽한다'라는 말은 하늘과 땅이 새로 열릴 정도로 아주 큰일이 생긴다는 말입니다.

5 ③
해설 한국전쟁은 광복 후, 한반도의 남과 북 사이에 일어난 전쟁을 말합니다. 조선의 개화기 때 사건과는 무관합니다.

6 1) 개회   2) 개강   3) 개막   4) 개교

7

獨
홀로 독

3대 독자 귀한 몸이라고~ / 98~99 쪽

1 1) 독재 2) 독주 3) 독방 4) 독점

2 ③

해설 '독창적' 인 것은 창조하는 능력이 남보다 뛰어난 것을 말합니다.

3 1) 독사진 2) 독탕 3) 독자 4) 독학생

4 ③

해설 현대사회에서 '내가 곧 법이닷!' 이라고 말하는 건 독재자가 아니면 불가능하지요. 독재자란 그림에서처럼 권력을 마음대로 휘둘러 국민들을 고통에 빠뜨리는 사람을 말하죠.

5 ③

해설 '독서왕' 의 독(讀)은 '읽다' 라는 뜻이지요. 나머지 독(獨)은 모두 '홀로' 라는 말입니다.

6 ④

7 ②

해설 나머지 셋의 경우에는 함께하는 것과 홀로 하는 것의 관계로 짝 지어져 있지요. 연주곡과 합주곡의 관계와는 다릅니다. 합주곡은 함께 연주하는 곡, 홀로 연주하는 곡은 '독주곡' .

8 ①

9 무남독녀

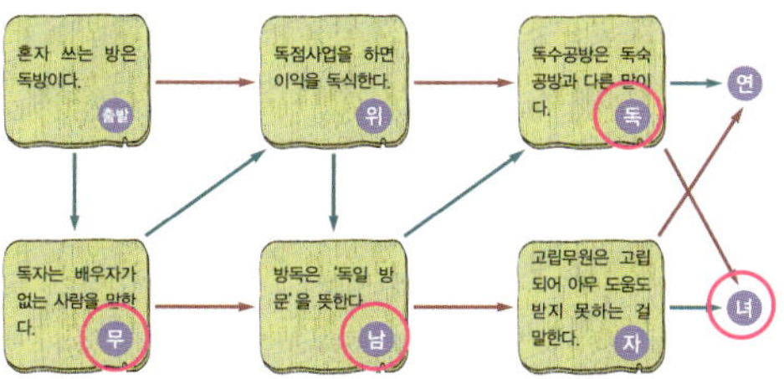

當
마땅할 당

청소 당번 좀 바꿔 줘~ / 104~105 쪽

1 1) 당번, 정당 2) 당연
3) 당부, 감당 4) 충당

2
1) 딱 들어맞음 — 당선
2) 어떤 일을 맡기에 알맞음 — 담당
3) 알맞게 뽑힘 — 해당
4) 일이 있었던 바로 그때 — 당시

3 ④

해설 '당분' 에서 당(糖)은 '사탕' 또는 '설탕' 이라는 뜻으로 쓰였습니다.

4 ①

해설 '충당(充當)' 은 알맞게 채워 넣는다는 말입니다.

5 ③

해설 '서당(書堂)' 에서 당은 '집' 이라는 뜻입니다. '당연, 정당, 가당' 에서 당은 '마땅하다' 라는 뜻으로 쓰였습니다.

6

1)당	시		2)당	백	전
부			신		
		3)타			
4)적	당	량		5)당	대
당				년	
		6)당	첨		
		일			

光
빛 광

빛을 이용하는 광선무기 / 114~115 쪽

1 ④

> **해설** 올림픽에서 은메달을 땄으니 '영광' 이겠지요. 그래서 선수들은 '영광' 을 가족에게 돌린다고 했습니다.

2
1) 빛의 속도
2) 빛이 반사되어 물체의 표면이 반짝이는 것
3) 빛을 전달하는 유리섬유
4) 빼앗긴 나라를 다시 찾음

- 광섬유
- 광속
- 광복
- 광택

3 ②

> **해설** '광장' 에서 광(廣)은 '넓다' 란 뜻입니다. 나머지 셋은 '빛' 을 뜻합니다.

4 ①

> **해설** 태양전지, 광학현미경 그리고 거울과 관련 있는 말은 '광학' 이지요. 광학(光學)이란 빛과 관련된 학문 분야를 말합니다.

5 1) 역광　2) 야광　3) 관광지　4) 광복절

6 ④

> **해설** 좋은 일이 생길 희망이 보인다면, '서광이 비친다' 라고 해야지요. 서광이란 해가 뜰 때의 빛을 말해요. 밤이 끝나고 새벽빛이 드는 것처럼 좋은 일이 생길 희망이 보인다는 뜻이지요. '각광을 받다' 는 말은 사회적 관심이나 주목을 끈다는 말이에요.

7

1)광	복		2)직	
합			사	
성		3)형	광	등
			선	
4)관	5)광	지		6)역
	택		7)야	광

制
제한할 제

우리의 출입을 제한한다고? / 122~123 쪽

1 1) 제한　　2) 제어　　3) 제약

2
1) 감정이나 욕망을 스스로 억누름
2) 하기 싫은 일을 억지로 하게 함
3) 규칙에 따라 한도를 넘지 못하게 제한함
4) 기계 등의 움직임을 멈춤

- 제동
- 규제
- 자제
- 강제

3 ②

> **해설** 제복이란 '우리는 하나' 라는 단결심을 심어 주기 위해 통제한 복장을 말하지요. 교복, 경찰복, 군복, 운동복 모두 제복에 속합니다.

4 ①

> **해설** 의형제(義兄弟)에서 쓰인 제(弟)는 '동생' 이란 뜻입니다. 나머지 제(制)는 모두 '제한하다' 의 뜻이죠.

5 ②

> **해설** '제도' 란 어떤 필요에 의해 나라나 모임에서 정한 규칙을 말하지요.

6 ①

> **해설** ② 헌법을 제정한 국회는 '제헌국회' 라고 하지요. ③ 제헌절은 헌법을 '개정' 한 것이 아니라, '제정' 한 것을 기념하는 날이지요. ④ 국민의 기본권을 보장하는 최고의 법은 '헌법' 이라고 하지요.

7 나는헌법

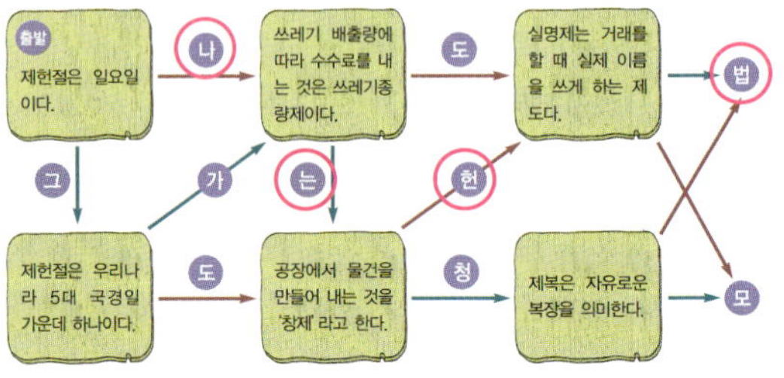

改 바꿀 개

삼순이, 희진이로 개명하다 / 130~131 쪽

1 개(改)

2 
1) 잘못된 마음을 바꿈 ―― 개편
2) 헌법을 바꿈 ―― 개작
3) 작품이나 원고를 고쳐서 다시 지음 ―― 개헌
4) 책이나 조직 등을 고쳐서 다시 엮음 ―― 개심

3 ④
`해설` 개선(改善)이란 바꾸어 더 좋게 한다는 말이지요.

4
1) 조변석개 ―― 지난날의 잘못을 고쳐서 착하게 됨
2) 개과천선 ―― 잘못을 알면 바로 고침
3) 조문석개 ―― 아침저녁으로 뜯어고침, 자주 바뀜

5 ②
`해설` '개학'에서 개(開)는 '열다, 시작하다'라는 뜻입니다. 나머지는 모두 '바꾸다'라는 뜻의 '개(改)'.

6 1) 개량　　　2) 개조

7 개과천선

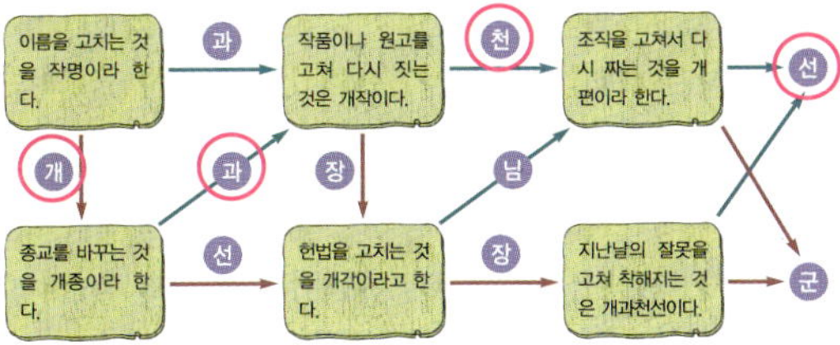

績 이을 속

계속하면 성공할 거야! / 136~137 쪽

1 속(績)

2 
1) 재산 등을 차례로 잇거나 이어받음 ―― 상속
2) 자꾸 잇따라서 ―― 단속
3) 끊어졌다 이어졌다 함 ―― 속속
4) 신분이나 재산 따위를 법에 따라 물려받는 사람 ―― 상속인

3 1) 속개　　　　2) 속간
`해설` 속개(續開)란 중단되었던 회의 따위를 다시 시작할 때 쓰는 말이죠. 속간(續刊)이란 폐간되었던 잡지가 다시 이어서 간행되는 것을 말하지요.

4 ③
`해설` '긴급 속보'에서 속보는 빠를 속(速)을 쓰는 속보(速報)지요. '긴급' 속보라고 했으니 말이에요.

5 ②
`해설` '~에 속하다'라고 할 때에는 '속(屬)'자를 씁니다.

6 1) 후속　　　2) 근속　　　3) 존속

7

쟁반같이 둥근 원 / 146~147 쪽

1 원(圓)

2 ①

해설 둥글게 둘러서서 추는 춤은 '원무(圓舞)' 라고 하지요.

3

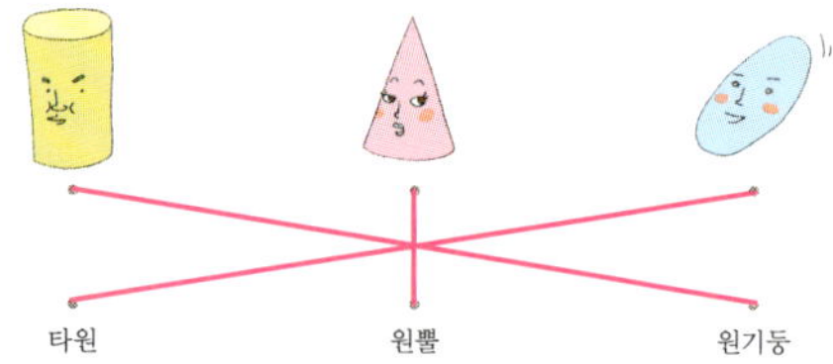

4

1) 원활 — 일이 매끄럽게 잘되어 나감
2) 동심원 — 같은 중심을 가진 둘 이상의 원
3) 원숙 — 인격이나 지식 따위가 무르익음
4) 원만 — 성격이 모난 데가 없이 부드럽고 너그러움

5 ①

6 ②, ④

해설 ① 지름은 반지름의 두 배지요.
③ 원주율은 원둘레와 지름의 비를 말하는 것으로, 모든 원에서 동일하게 적용됩니다.

7

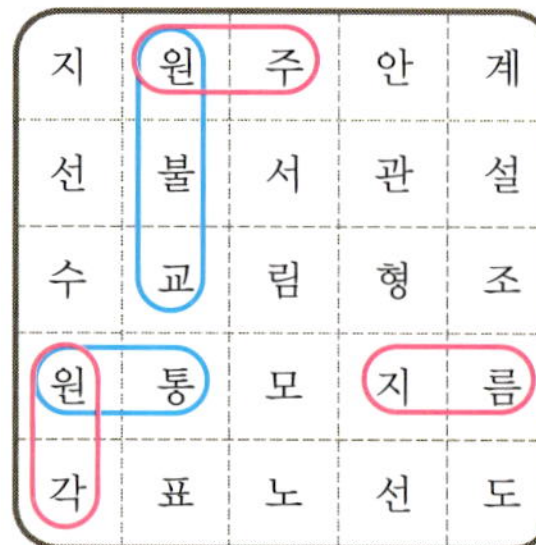

지	원	주	안	계
선	불	서	관	설
수	교	림	형	조
원	통	모	지	름
각	표	노	선	도

1) 원주
2) 원각
3) 원통
4) 원불교
5) 지름

천하무적 로봇 완성! / 154~155 쪽

1 1) 성공　　2) 완성　　3) 조성
　　4) 찬성　　5) 작성

2

3 ①

해설 이미 만들어 놓은 것을 '기성(旣成)' 이라고 하지요. 이미 만들어 놓은 옷은 '기성복', 이미 만들어 놓은 물건은 '기성품' 이라고 해요.

4 ④

해설 합성은 '둘 이상의 것을 합쳐서 새로운 것을 만들어 내는 것' 을 말해요. 사람은 그 자체로 하나의 완성된 인격체이기 때문에 어떤 것과 합성한다는 것은 어색하지요.

5 ③

해설 자수성가란 '물려받은 재산 없이 혼자 힘으로 집안을 일으키고 재산을 모은 것' 을 말하지요. 놀부가 '혼자 힘으로 우리 집안을 일으켰다' 고 했으니, 자수성가한 사람이네요.

6 ④

해설 다 자란 벌레는 벌레 충(蟲) 자가 들어간 '성충(成蟲)' 과 같은 말입니다.

7 ④

해설 몸과 마음이 어른스러워지는 것은 '성숙' 이라고 하지요.

清 맑을 청

깨끗하게~ 청소해! / 162~163 쪽

科 과목 과

내가 좋아하는 과목은 국어야~ / 168~169 쪽

---

1 청(淸)

2 ③

> **해설** 쓸어서 깨끗하게 하는 것은 '청소' 지요. '대청소' 는 대규모로 청소하는 것을 말하고, '청소함' 은 청소 용구를 모아두는 함을 말해요.

3
1) 오염 물질이 적게 나오는 에너지 —— 청정 에너지
2) 콩을 발효시켜 만든 우리 전통 음식 —— 청심환
3) 심장을 맑게 해 주는 약 —— 청국장
4) 장보고가 완도에 설치한 진영 —— 청해진

4 ④

> **해설** 청각(聽覺)에서 청(聽)은 '듣다' 란 뜻입니다. 나머지는 모두 깨끗하다는 뜻입니다.

5
1) ♠1 △2 → (청결) —— 맑고 깨끗함, 청소의 북한말
2) ♠1 □2 → (청렴) —— 성격이 맑고 곧음
3) ♨2 ♠1 → (혈청) —— 피의 맑은 부분
4) ♠1 ♣3 ♪1 ☆2 → (청풍명월) —— 맑은 바람과 밝은 달

6

1) 심					2) 백
3) 청	량	음	료		년
					하
				4) 석	청
5) 청	빈				
산		6) 청	정	수	역

---

1 과(科)

2
1) 과목, 교과서　　2) 백과
3) 안과　　　　　　4) 문과

3
1) 이전에 형벌을 받은 일 —— 과목
2) 학문을 분야별로 갈라 놓은 것 —— 전과
3) 온갖 분야의 지식 —— 과거제
4) 과거로 관리를 뽑던 제도 —— 백과

4 ④

> **해설** 금과옥조란 금이나 옥처럼 귀중히 여겨 지키고 받들어야 할 규범이나 교훈을 말하지요. 여기서 과(科)는 '법' 이란 뜻으로 쓰였습니다.

5 ④

> **해설** '과도기(過渡期)'의 '과' 는 '과목 과(科)'가 아니라 '지날 과(過)' 예요.

6 ①

> **해설** 동식물을 분류할 때에는 과(果)가 아닌 과(科)로 분류하지요.

7 백과사전

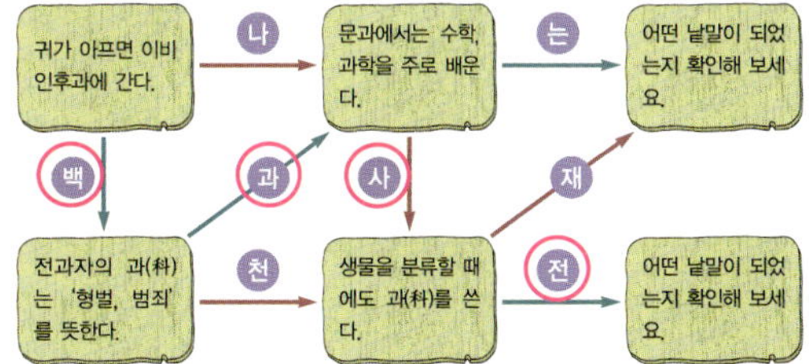

共
함께 공

남녀 공용 아니었어요? / *178~179* 쪽

1 공(共)

2
1) 함께 살아가는 집단 — 공동체
2) 함께 살고 함께 번영함 — 공존공영
3) 사회 전체가 지켜야 할 질서 — 공공질서
4) 여럿이 함께 책을 씀 — 공저

3
1) 공유　　　　2) 공범
3) 공명　　　　4) 공통

4 공통분모
> **해설** '공통분모' 란 분모가 같은 것을 말하지요. 이 말은 여러 사람 사이의 공통점이란 뜻으로도 쓰입니다.

5 ①
> **해설** 영국은 여왕이 있지요. 영국은 헌법으로 왕의 권력을 제한하는 입헌군주제를 택하고 있습니다. 태국, 스페인 등도 입헌군주국입니다.

6 共

共	노동부	백화점	환경부	전시장
LG				
법제처	행정부	법무부	국세청	여성부
공사장	감사원	아파트	법원	청심환
입법부	시청	경찰	사법부	청와대
사장	검찰	마당	국방부	유치원
통일부	음악회	극장	축구장	국회

7

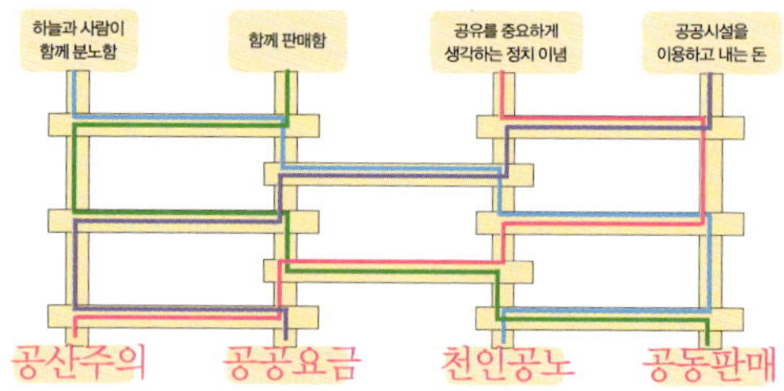

作
만들 작

손동작으로 그림자놀이 해 볼까? / *186~187* 쪽

1 작(作)

2
1) 함께 만듦 — 합작
2) 이삭을 털어 낟알을 거둠 — 타작
3) 농사지은 결과가 나쁨 — 흉작
4) 글을 지음 — 작문

3 ②
> **해설** '역작(力作)' 은 온 힘을 기울여 만든 작품, '유작(遺作)' 은 죽은 사람이 남긴 작품입니다.

4
1) 조작　　　2) 작업　　　3) 공작

5 ③
> **해설** 공짜로 음악 파일을 내려 받는 것은 '저작권' 위반이지요.

6 ④
> **해설** 걸작, 야심작, 신작은 다 '작품' 의 일종입니다. '타작' 은 곡식의 이삭을 떨어 낟알을 거두는 일입니다.

7

1) 작	별			
품		2) 작	가	
		심		
3) 반		삼		
타		일		4) 풍
5) 작	사		6) 유	작

義
옳을 의

의리로 뭉친 우리 / *194~195* 쪽

1 의(義)

2 ③

> **해설** 마땅히 해야 할 일은 '의무(義務)' 라고 하죠.

3 ②

> **해설** '대의멸친(大義滅親)' 이란 큰 뜻을 위해 가족을 희생한다는 말이에요. 계백 장군이 신라와의 전쟁이라는 대의를 위해 가족을 자기 손으로 죽였다는 말에서 힌트를 얻을 수 있지요.

4 1) 반의어　　2) 도원결의　　3) 정의

5 ②

> **해설** '안과 의사(醫師)' 에서 의(醫)는 치료를 담당하는 의사를 뜻합니다. 나머지는 모두 옳을 의(義)입니다.

6 ①

> **해설** 국세청에서 관리한다고 하니, 납세에 해당하겠지요.

7

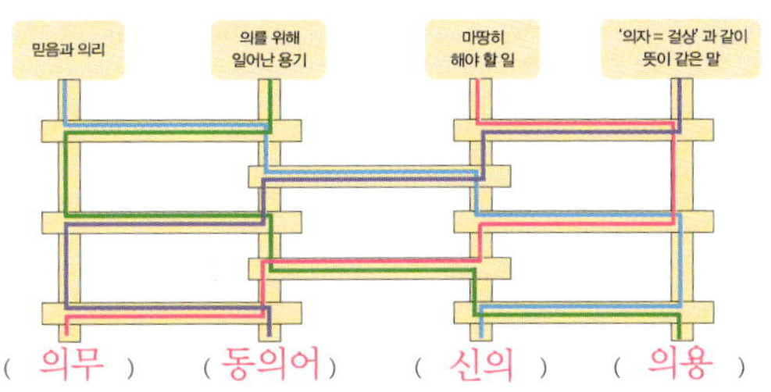

別
나눌 별

독버섯인지 아닌지 어떻게 구별하지? / *200~201* 쪽

1 1) 구별　　2) 감별　　3) 차별　　4) 개별

2 ②

> **해설** '분별, 개별, 차별' 에서 별은 '나누다' 라는 뜻이고, 이별에서 별은 '헤어지다' 라는 뜻이지요.

3 1) 별칭　　2) 이별

4

5 ④

> **해설** '천차만별' 은 모든 사물이 다 차이가 있고 다르다' 라는 뜻이에요.

6 1) 유별　　2) 차별　　3) 별　　4) 송별

7

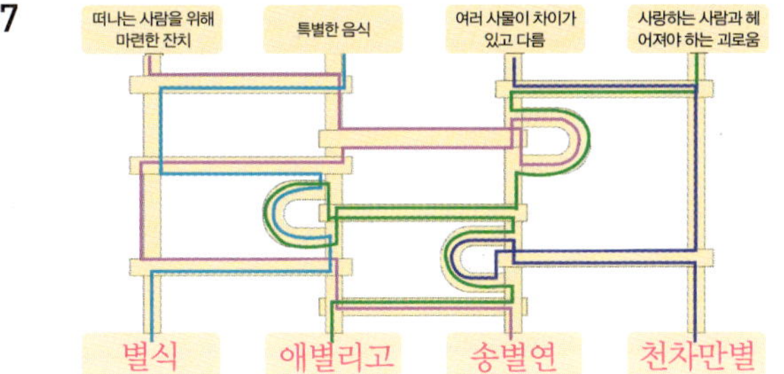

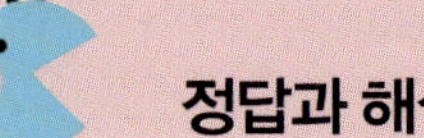

제 1 장 어휘랑 놀자

(문제 42쪽)

1)대	기	만	성		2)십	3)상	팔	4)구	
신						록		척	
			5)농	업	6)용	수		7)장	기
8)수	공	업	자		기		9)출	신	
상			10)천	민		11)구			12)문
			하		13)신	석	기		신
	14)측	은	지	심		기		15)실	
16)가			대		17)소			험	
습			본		화		18)농	기	구
19)기	관			20)농	기	계		구	

제 2 장 어휘랑 놀자

(문제 74쪽)

	1)조			2)행		3)당	4)백	전	
5)조	선	통	6)신	사			수		
	왕		청			7)백	분	율	
	조		8)서	예	9)가	복			
10)현	실	성			명	도			
	록							11)백	
12)실		13)분		14)백	문	15)불	여	일	견
16)유	17)실	수		년		성		홍	
	명			가		실		18)독	
19)통	제	사		약		20)의	견	서	

제 3 장 — 어휘랑 놀자

(문제 106쪽)

1)부	화	뇌	동		2)산		3)척	4)화	비
조				5)미	개	인		기	
6)화	음			성				애	
			7)독	단				애	
8)당	번		수						
백		9)평	화	공	존		10)담	11)당	자
전		화		방				일	
	12)개	통			13)공	화	정	치	
14)파		일			화			기	
15)독	거		16)개	국					

제 4 장 — 어휘랑 놀자

(문제 138쪽)

1)형		2)속		3)종					4)상
5)광	합	성		량			6)중	금	속
등			7)관	제	탑				인
	8)삼		광				9)제		
10)개	심		11)지	12)속	가	능	한	개	발
	13)제	과		간			구		
14)개							15)역	16)광	
17)과	즉	물	탄	18)개				19)복	속
천				량		20)제		군	
선			21)개	종		22)동	원		

제 5 장 — 어휘랑 놀자

(문제 170쪽)

[1]타		[2]동	심	[3]원		[4]백	과	사	전
[5]원	[6]형			각		년			
	[7]성	장	[8]기			하			
			성			[9]청	정	[10]수	역
[11]청	결		품		[12]교			학	
렴				[13]학	과		[14]전	과	자
결									
백			[15]청	국	[16]장		[17]석		[18]청
			백		성		[19]달		해
[20]탐	관	오	리			[21]합	성	사	진

제 6 장 — 어휘랑 놀자

(문제 202쪽)

[1]천	인	[2]공	노			[3]농		[4]공	
		존			[5]합	작	영	화	
		[6]공	유	[7]지		물		국	
[8]예		영		적					[9]성
[10]의	적			재		[11]대			차
			[12]공	산	주	의		[13]감	별
[14]의	[15]남	매		권		멸			
	녀					친			[16]부
	유			[17]이	[18]별		[19]야	심	작
[20]애	별	리	고		종				용